HISTOIRE

DE

BASSOUES

ET DE LA

CHAPELLE DE St FRITZ

par

M. l'Abbé GUILHEMPEY.

Se vend au profit de la Chapelle.

AUCH

J. A. PORTES, IMPRIMEUR DE L'ARCHEVÊCHÉ.

1858

HISTOIRE DE BASSOUES

ET DE LA

CHAPELLE DE S^T FRITZ

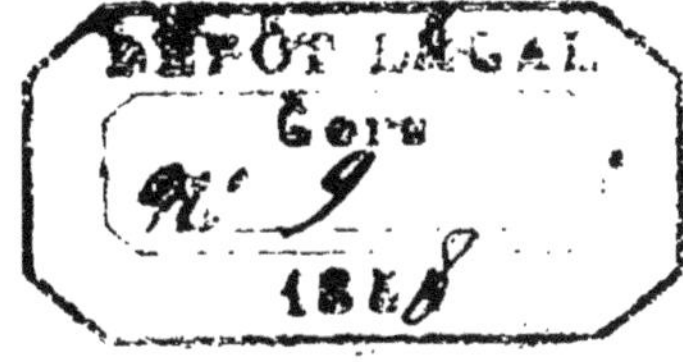

CHAPITRE Ier.

Origine de Bassoues. — Les Druides. — Le Marsoulès. — Radbod, père de St-Fritz. — St-Fritz à la tête d'une armée chrétienne. — L'Étendard. — Le Pont du Chrétien. — Découverte du tombeau de St-Fritz. — Translation de son corps. — Miracles opérés sur son tombeau.

BASSOUES, comme l'indique l'étymologie même de son nom (*), fut d'abord un lieu couvert d'immenses forêts. Les Druides le trouvèrent convenable pour la célébration de leurs rites, et ils en firent un de leurs principaux sanctuaires. Ce fut là probablement l'origine de la ville de Bassoues; car les peuples aimaient à se réunir autour de leurs prêtres, afin de pouvoir participer plus facilement à leurs mystères.

(*) *Basson*, bois, broussailles.

Le culte druidique jeta de profondes racines dans nos contrées, et bien des gens encore ajoutent foi aux superstitions que cette religion nous a léguées.

Les Romains, pour s'assurer la conquête de la Gaule, cherchèrent à ruiner le crédit des Druides, en introduisant les dieux de Rome dans notre patrie. Là où se célébraient naguère les mystères sacrés en l'honneur du dieu Teutatès, on vit s'élever des temples et des idoles. Ainsi dans les forêts de Bassoues, qui avaient servi d'asile aux prêtres d'Esus, furent érigés des autels en l'honneur du dieu Mars, et c'est de là que ces bois ont reçu le nom de *Marsoulès*.

La ville de Bassoues perdit en grande partie son importance, dès qu'elle ne posséda plus le sanctuaire druidique; et ses annales n'offrent rien qui mérite d'être signalé, jusqu'à ce que Dieu, voulant la récompenser du sacrifice qu'elle lui avait fait en abandonnant ses superstitions pour suivre la loi de l'Evangile, lui eût rendu un sanctuaire bien autrement célèbre que celui des Druides, et qui devait être d'autant plus cher à nos ancêtres, qu'il fut élevé pour consacrer la gloire d'un héros! St-Fritz, qui, après avoir renoncé aux honneurs et aux délices d'une cour, était venu verser généreusement son sang pour défendre leur religion et leur liberté.

Aussi cet illustre martyr a-t-il toujours été en grande vénération dans tout le pays; il n'est pas permis d'en douter, si l'on consulte les anciens missels et l'usage de plusieurs églises du diocèse. Il est fâcheux que nous n'ayons pas des mémoires anciens et sûrs qui nous racontent la vie d'un Saint qui a jeté tant d'éclat, et dont le culte a survécu à toutes les révolutions. « On conservait, dit l'abbé d'Aignan, un manuscrit très précieux, où on lisait la vie de St-Fritz et l'histoire des guerres qui, à cette époque, avaient lieu dans ce pays ; ce manuscrit s'est perdu au commencement du siècle dernier. » Aussi sommes-nous obligé de passer sous silence les années que notre Saint consacra à la vertu dans la cour de son père. Nous ne savons rien sur ses premiers exploits, et on n'est pas même d'accord sur l'époque et les circonstances de sa mort; car, si nous ajoutions foi à certaines chroniques, il aurait versé son sang pour la religion dans quelqu'une des irruptions que les barbares du Nord firent dans l'Aquitaine. Mais telle n'est pas la tradition populaire qui règne dans le pays. D'après une croyance généralement adoptée, et que M. l'abbé d'Aignan, vicaire-général sous trois archevêques, avait recueillie de la bouche même des chanoines de Bassoues, qui avaient eu entre leurs mains le manuscrit égaré, St-Fritz était fils de Radbod, prince Frison, jeune, intrépide, mais opiniâtrément attaché au polythéisme.

Tous les ennemis du christianisme le considéraient comme le plus ferme défenseur des idoles. Pepin d'Héristel, voyant l'attitude menaçante et les dispositions hostiles de Radbod, leva une armée formidable et marcha contre lui. Les Franks remportèrent la victoire, et n'accordèrent la paix aux Frisons qu'à la condition de faire cesser toute persécution contre le christianisme.

A la faveur de ce traité, St-Villebrod, accompagné de douze clercs Saxons, débarqua dans la Frise, vers l'an 690, pour y prêcher la religion de Jésus-Christ. Le zèle des missionnaires ne s'arrêta pas devant les embarras suscités par la haine de Radbod ; et grâce à la protection de la fille de Pepin, que le prince Frison avait obtenue pour épouse, l'Evangile fit de rapides progrès. Radbod fut obligé de laisser pénétrer la nouvelle doctrine jusque dans le palais ; sa pieuse épouse se fit un devoir d'élever son fils dans la religion de ses pères ; elle sut lui inspirer le goût de la vertu et préserver sa jeunesse de la contagion d'une cour licencieuse.

Mécontent de l'obstination de son père dans le paganisme, le jeune prince se retira sur les terres des Francks pour porter les armes sous Charles-Martel, dans la guerre qu'il allait faire aux Sarrasins. Chargé par son oncle de commander un corps d'armée dans l'Aquitaine et sachant les Barbares campés dans une plaine, derrière la ville de Lupiac, il se porta au-devant des ennemis et alla leur présenter la bataille. Notre jeune héros fit des prodiges de valeur ; rien ne résistait à son courage, et déjà la victoire paraissait lui être assurée, lorsque le général infidèle accourut avec un secours extraordinaire; cet incident arrêta ses troupes effrayées et mit le désordre dans l'armée chrétienne. Fritz tâcha de rallier les soldats autour de sa bannière, dans le lieu qu'on appelle encore aujourd'hui le moulin de l'*Étendard,* parce qu'il y avait planté son drapeau. Le combat recommença avec acharnement et se prolongea jusqu'à la nuit.

La victoire était restée indécise. Mais on dit que le lendemain, il se donna une seconde bataille, où St-Fritz fut tué. La tradition du pays a conservé jusqu'au genre de mort, qui enleva ce héros chrétien : dans la chaleur du combat, un infidèle lui lança une flèche, qui lui traversa les cuisses; il perdait tout son sang, et comme on cherchait à le soustraire à la fureur des ennemis, il expira assez près du pont qu'on appelle encore aujourd'hui *Pont du Chrétien*, et on l'inhuma dans ce même lieu.

Nous ne pouvons pas assigner une date précise à ce combat; mais il est probable que St-Fritz périt dans la dernière invasion des Sarrasins, lorsque Charles-Martel, épouvanté du progrès de l'ennemi, songea sérieusement à l'arrêter. Connaissant l'intrépidité de son neveu, il dut l'envoyer au-devant de cette armée dévastatrice qui avait jeté l'épouvante dans tous les cœurs, pour se donner lui-même le temps de rassembler ses forces. Le jeune héros ne trompa point les espérances de son oncle, il périt glorieusement en disputant le passage aux Sarrasins. Le sang de notre martyr et de tant d'autres vaillants soldats, qui combattaient pour la civilisation, ne devait pas être versé en vain. Dieu bénit les armes des Franks, et l'on sait quelle brillante victoire Charles-Martel remporta sur ces Barbares dans les plaines de Poitiers.

Notre martyr demeura longtemps ignoré dans sa tombe; mais Dieu, voulant glorifier le courageux défenseur de la religion, fit connaître miraculeusement le lieu qui renfermait ce précieux dépôt. Selon une tradition populaire, une vache allait tous les jours lécher une pierre cachée sous des broussailles; elle vivait sans prendre d'autre nourriture, et était cependant plus grasse que le reste du troupeau. Des pasteurs observèrent ce prodige et le firent remarquer à un grand nombre de personnes qui en furent témoins. On creusa la terre et on trouva le corps du guerrier armé de toutes pièces. A peine les reliques du Saint furent-elles enlevées, qu'aux yeux du peuple étonné on vit tout-à-coup une source miraculeuse jaillir de son tombeau, telle qu'on la voit encore aujourd'hui. On voulut transporter dans la ville avec le corps, le tombeau, que les soldats du jeune chef avaient construit à la hâte; mais plusieurs bœufs attelés ensemble furent impuissants à le traîner. Alors, un des assistants donna l'idée de le faire porter par la vache qui l'avait découvert; aussitôt elle fut attelée au char qui portait le précieux dépôt, et seule, sans aucun autre secours, elle le traîna jusqu'au sommet de la colline ; mais arrivée là, elle s'arrêta, sans qu'il fût possible de la faire passer outre. On pensa que le Saint ne voulait pas entrer dans la ville, et on le déposa sur ce coteau. Bientôt après on y construisit une magnifique Église, et son corps fut enfermé dans un tombeau de marbre. On le voit encore derrière un autel, seul reste de cet édifice.

On connaissait par tradition l'histoire de l'illustre guerrier qu'on venait de découvrir, mais on ignorait son nom. Le peuple lui donna celui de ***Fritz***, du nom même de sa patrie, à ce qu'on croit, ou plutôt à cause de son courage et de sa force dans les combats, car ce nom signifie *fort*.

Telle est la tradition de l'invention et de la translation de son corps également admise par l'abbé d'Aignan, par Dom Brugelles et par les Bollandistes.

Les miracles qui s'opérèrent sur son tombeau, devinrent bientôt célèbres dans toute la contrée, et attirèrent un grand concours auprès de ses reliques.

Un forgeron des environs du lieu où fut bâtie, quelques siècles plus tard, la ville de Mirande, ne pouvait plus depuis longtemps marcher sans appui : il fit vœu de se rendre auprès du tombeau de St-Fritz ; il y vint, et passa plusieurs jours dans la retraite pour régler les affaires de sa conscience. Après avoir fait sa confession, il se disposa à s'approcher de la Sainte-Table, persuadé que ses supplications seraient entendues du

Ciel : il ne fut pas trompé dans ses espérances ; à peine eut-il quitté l'autel, qu'il se trouva entièrement guéri; et il se retira en remerciant Dieu du miracle qu'il venait d'opérer en sa faveur par l'intercession de St-Fritz.

Un seigneur des environs, passant près du tombeau du Saint, lança quelques blasphèmes et tourna en dérision les pèlerins qui s'y rendaient. Son impiété fut sévèrement punie ; à peine avait-il fait quelques pas, qu'il fut atteint d'une attaque d'épilepsie et renversé de cheval. Ce châtiment inattendu le fit rentrer en lui-même ; pieds nus et la tête découverte, il vint se prosterner devant les reliques qu'il avait outragées ; et, après avoir rétracté publiquement ses paroles injurieuses, il se retira entièrement guéri.

Les pèlerins qui se rendaient auprès du tombeau de St-Fritz, allaient aussi visiter la fontaine miraculeuse et emportaient de l'eau pour la distribuer à leurs amis malades qui n'avaient pu les suivre.

Dieu signala la vertu de cette eau par plusieurs miracles ; aussi se serait-on bien gardé de s'en servir pour un usage profane; personne, du reste, n'ignorait qu'une femme d'Andreou, qui avait voulu employer l'eau de la fontaine pour faire du pain, l'avait vue se changer en sang (*).

Ainsi s'établit le culte de St-Fritz, et sa fête fut fixée au 16 Janvier, jour de l'invention de son corps.

(*) Voir pour ces miracles, les Bollandistes.

CHAPITRE II.

Donation pour fonder le monastère de Bassoues. — Les Bénédictins. — Arnauld pille le monastère de Bassoues. — L'archevêque d'Auch prend sa défense. — Les moines de St-Orens s'y établissent. — Le Concile de Bordeaux le rend aux Bénédictins.

Nous sommes arrivés à l'an 1000; les peuples chrétiens, encore effrayés des sinistres prédictions de cette époque, rivalisaient de zèle pour bâtir des églises et fonder des monastères.

Raymond de Bassoues suivit cet entraînement général et donna à l'abbaye de Pessan des terres situées autour de l'église de St-Fritz, pour y établir un couvent.

« Au nom du Christ, dit-il dans l'acte de donation, Moi Raymond de Bassoues, dans l'espoir d'obtenir une digne récompense du juste rémunérateur du bien et du mal, et pour le salut de mon âme et de celle de mes parents, je donne au monastère de Pessan, situé dans le comté d'Astarac, la chapelle de St-Fritz avec les terres nécessaires pour y fonder un monastère suivant l'ordre de saint Benoît; je déclare, en outre, qu'aucun de mes parents ne pourra jamais réclamer aucun droit sur ces biens, à l'exception du comte de Fezensac, que je choisis pour le défenseur et le coopérateur de cette bonne œuvre. Si quelqu'un de mes descendants, poussé par l'esprit infernal, vient attaquer cette donation, qu'il soit pour toujours maudit de Dieu, frappé d'anathème et éternellement tourmenté dans les flammes avec les démons, avec le traître Judas et avec Anne et Caïphe.

Fait au mois de novembre de l'an 1020, en présence des comtes Sanctius, Emeric, Arnauld, &c. »

Il paraît que l'abbé de Pessan n'attacha pas une grande importance à cet acte. Car, ce ne fut que l'an 1047, lorsque Bernard, frère de Raymond, renouvela cette donation, que furent jetés les fondements d'un monastère. On y envoya, suivant les conditions, des religieux sous la conduite d'un abbé.

Cet abbé avait un pouvoir absolu dans le monastère; sans doute il était de son devoir de consulter les anciens et d'assembler même la communauté pour les affaires importantes, mais à lui seul appartenait toute décision et on devait se soumettre à ses ordres. Aucun religieux ne pouvait, sans sa permission, ni accepter des présents ni sortir du monastère. Il était permis d'admettre au nombre des novices toute sorte de personnes : les enfants et les vieillards, les pauvres et les riches, les nobles et les roturiers, les savants et les ignorants.

Le temps était partagé entre le travail et la prière. Pendant l'hiver, tous les religieux se levaient à deux heures pour l'office de la nuit; ensuite ils se livraient à la méditation et à la lecture jusqu'au point du jour; c'était le moment fixé pour commencer Laudes; de sorte que, si l'office du matin était long, il fallait avancer l'heure du lever. Après l'office du matin, ils se rendaient au travail, où ils étaient occupés depuis six heures jusqu'à dix pendant l'été, et de sept jusqu'à onze pendant l'hiver. Après midi, il y avait à peu près autant de travail que dans la matinée ; en tout, sept heures au moins par jour. Le reste du temps était employé à des exercices religieux.

Chaque religieux avait pour son repas deux portions cuites et quelquefois une troisième de fruits, une livre de pain et un demi-setier de vin. Pendant le carême, on observait un jeûne rigoureux ; on ne mangeait qu'une seule fois le jour, et de plus, on s'imposait de rudes pénitences. Ces mortifications cessaient pendant le temps pascal ; mais de la Pentecôte au 13 septembre, on jeûnait les mercredis et les vendredis ; et, depuis le 13 septembre jusqu'à Pâques, tous les jours. Dans aucun temps, il n'était permis de manger de la viande, au moins d'animaux à quatre pieds ; il était inutile de défendre la volaille, on n'en servait pour lors que sur la table des rois et des grands seigneurs. Tous les religieux s'entr'aidaient dans le service de la boulangerie, des jardins et des autres offices, et faisaient la cuisine chacun leur tour ; ce qui prouve que les mets ne devaient pas être fort exquis.

L'habit des moines était le vêtement ordinaire des pauvres et des gens de la campagne, c'est-à-dire, la tunique, la cuculle et le scapulaire pour le travail. Ce scapulaire ressemblait assez aux capotes des matelots, excepté qu'il n'était point ouvert par devant, mais un peu par les côtés. Quant aux lits, ils consistaient en une natte, ou une paillasse piquée en drap de serge, une couverture, un chevet, et on couchait tout vêtu, afin d'être toujours prêt pour l'office.

Tels furent les moines qui habitèrent le monastère de St-Fritz, et qui, en peu d'années, défrichèrent une grande partie des bois dont se trouvait couvert le sol de Bassoues.

Les Bénédictins ne restèrent pas longtemps paisibles possesseurs de ce monastère, qui paraissait devoir prendre un grand développement. Nous avons vu que Raymond de Bassoues, dans l'acte de donation de la chapelle de St-Fritz, avait établi le comte de Fezensac défenseur des religieux : ce jeune seigneur avait pris la croix pour aller délivrer le tombeau du Sauveur, et avait ainsi laissé le monastère sans défense. Profitant de ces circonstances, un seigneur, appelé Arnauld, s'empara du monastère de Bassoues avec le concours de son frère, en chassa les religieux, s'attribua les terres et les revenus, et fit du couvent une maison seigneuriale.

Guillaume I était alors archevêque d'Auch. Les religieux de Pessan s'adressèrent à lui pour obtenir justice. Les coupables, craignant d'attirer sur leurs têtes quelque sévère punition, s'empressèrent de témoigner leur repentir à l'archevêque. Guillaume crut à la sincérité de leurs paroles, et manda à l'abbé de Pessan qu'il pouvait envoyer d'autres religieux au monastère de St-Fritz. Bientôt après revinrent, en effet, les Bénédictins. Leur premier soin fut de relever les murs du couvent et de le rétablir tel qu'il était avant que leurs persécuteurs ne s'en fussent emparés.

Arnauld, en rendant le monastère, n'avait cédé qu'à la crainte : furieux de perdre si vite une proie qu'il avait longtemps convoitée, il se jeta de nouveau sur ces religieux, en tua quelques-uns, força les autres à prendre la fuite et détruisit jusqu'aux fondements les murs de leur maison.

L'archevêque, instruit de cet acte de déloyauté, résolut de punir sévèrement les coupables. Il envoya à Bassoues un moine de St-Orens, avec ordre de juger cette affaire. Maître du monastère, le moine ne se pressa pas de porter sa sentence ; et, sous prétexte d'instruire l'affaire et d'examiner les délits, il laissa longtemps le procès en suspens, et Arnauld put ainsi se soustraire à la punition qu'il avait méritée. En agissant ainsi, ce juge prévaricateur ne cherchait que ses propres intérêts, car il donna à sa maison tous les revenus du monastère de St-Fritz, et y attira ses frères en secret, de sorte que, dans peu de temps, les Orientins furent entièrement maîtres de ce couvent.

L'abbé de Pessan porta ses plaintes à Guillaume; et les moines de St-Orens, ne pouvant méconnaître leur injustice, se disposaient à quitter Bassoues, lorsque la mort vint frapper l'archevêque.

Cet événement leur donna l'espoir de conserver les

biens usurpés, et ils refusèrent plus que jamais de satisfaire les religieux de Pessan. L'abbé porta alors l'affaire devant le Concile de Saintes. La sentence ne se fit pas longtemps attendre ; les moines de St-Orens furent condamnés à rendre, dans le délai de huit jours, le monastère et tous les revenus dont ils s'étaient emparés ; et Raymond II, qui venait de succéder à Guillaume, fut chargé de l'exécution de ce jugement.

Malgré cet ordre formel, les moines de St-Orens voulurent se maintenir dans leur usurpation ; ils éludèrent le décret et parvinrent à jouir encore quelque temps du fruit de leur fraude. Un Concile fut tenu bientôt après à Bordeaux ; l'abbé de Pessan y dénonça l'injustice des Orientins ; un nouveau décret fut aussitôt porté contre les usurpateurs. Il n'était plus possible d'hésiter, le Concile de Bordeaux pouvait faire respecter ses ordres. Aussi les moines de St-Orens se soumirent-ils sans murmurer et s'empressèrent-ils de quitter Bassoues. Quelques jours après, les Bénédictins reprenaient possession de leur couvent.

Ceci se passait en 1099, comme le portait la chronique de l'abbaye de Pessan.

CHAPITRE III.

Le corps de St-Fritz est porté à Auch. — Nouveaux malheurs du monastère. — L'archevêque d'Auch devient seigneur de Bassoues. — Arnaud Aubert fait construire le château et entoure la ville de fortifications. — Le service paroissial est enlevé à l'Église de St-Fritz. — Consorce de douze prêtres. — Montgommery livre aux flammes l'Église de St-Fritz.

Les moines de St-Orens cédèrent le couvent de Bassoues avec d'autant plus de peine que de jour en jour le concours du peuple au tombeau de St-Fritz devenait plus considérable. Le culte de notre martyr, qui n'avait été d'abord que local, s'était déjà répandu au loin. Les grands comme les petits s'empressaient autour de ses reliques, et l'archevêque d'Auch, par un éclatant témoignage de vénération, allait le placer au premier rang parmi les Saints de sa province.

Ce pontife avait résolu de consacrer l'église de Ste-Marie d'Auch, rétablie par St-Austinde. Instruit des prodiges qui s'opéraient par l'intercession de St-Fritz, et connaissant l'attachement du peuple pour cet illustre martyr, il pria les religieux de Bassoues de le transporter dans sa ville épiscopale, afin de relever l'éclat de cette fête. On s'empressa d'accéder aux vœux de l'archevêque, et le 12 du mois de février 1121, le corps du défenseur de l'Aquitaine arriva à

Auch. Jamais cette ville n'avait vu dans ses murs un aussi grand concours. Le peuple accourait surtout au-devant des reliques, et sa foi fut récompensée par de nombreux miracles consignés dans les chroniques du temps.

La prospérité du monastère de Bassoues fut cause de sa perte. Les seigneurs voisins, profitant des troubles occasionnés par des guerres acharnées, ne gardaient plus aucune mesure. Tantôt ils se jetaient sur le monastère et le livraient au pillage, tantôt ils faisaient main-basse sur les trésors même de l'église apportés par de pieux pèlerins; et bien souvent ils ne se faisaient aucun scrupule d'enlever les terres et de les réunir à leurs maisons. Ce fut ainsi que le monastère de Bassoues, livré à la merci de tous les aventuriers, perdit bientôt toute son importance. L'abbé de Pessan, découragé, n'envoya plus de moines. Peu-à-peu, ceux qui avaient survécu à tant de calamités, furent réduits à un si petit nombre, qu'on y supprima la conventualité, vers l'an 1270, et le monastère de St-Fritz fut uni avec tous ses revenus, à la mense archiépiscopale, du consentement de l'abbé et des religieux de Pessan.

Amanieu II était alors archevêque d'Auch. Il donna à Bassoues des lois et des coutumes qui lui attirèrent l'amour et la reconnaissance des habitants de cette ville. Il reçut une donation importante que lui fit Bertrand Dessosile: ce seigneur était un de ceux qui avaient contribué à la ruine du monastère de St-Fritz:

touché de repentir, il livra à l'archevêque, du consentement de sa femme, Gailharde de Lapalu et de ses deux fils Gérault et Martin, une terre considérable qui s'étendait du monastère, vers Montesquiou, jusqu'au-delà du château de Lamothe, dont la vieille tour n'est plus aujourd'hui qu'une ruine.

L'acte qui établissait cette donation fut retenu par Pons de Biran, et publié dans l'église de Saintrailles, le 25 du mois d'avril 1283. Il eut pour témoins, Pierre d'Aspe, Arnaud de Crastes, clerc, voisins de Vic, Fort d'Eauze, habitant de Barran, et Guillaume Arnaud de Lagors (*).

Les habitants de Bassoues, protégés par l'archevêque d'Auch, se firent respecter des seigneurs voisins, qui avaient intérêt à ne pas attirer sur leurs têtes les foudres du pontife, et, grâce à cette protection, ils jouirent longtemps de la paix la plus profonde. Le successeur d'Amanieu II, Guillaume de Flavacourt, se rendit à Bassoues pour faire la visite de l'église et en même temps du tombeau de St-Fritz; il confirma les coutumes de son prédécesseur et accorda de nouveaux priviléges.

Les pontifes, comme le peuple, vinrent souvent se prosterner devant le tombeau de notre saint martyr, attirés par les prodiges qui continuaient à s'y opérer. Un terrible fléau, la peste noire, qui ravageait alors la France, sévissait dans le pays et en décimait la popu-

(*) Voir la note I.

lation. Les habitants de Bassoues, ainsi que les autres habitants de la contrée, qui vinrent prier auprès des reliques de notre saint bien-aimé, en furent préservés, si l'on en croit une tradition populaire. Des faits aussi éclatants durent nécessairement étendre son culte ; aussi, voyons-nous dès lors s'élever de tous côtés des oratoires en son honneur.

Arnaud Aubert, neveu du pape Innocent VI, avait remplacé Guillaume de Flavacourt sur le siége métropolitain. Durant le cours de son administration, il eut à déplorer la perte d'un grand nombre d'églises ; les hordes dévastatrices qui parcouraient le pays, ne respectaient rien. Afin de protéger la ville de Bassoues contre leurs vexations, il l'entoura de fort belles murailles, terminées par des créneaux, et il fit construire un château seigneurial flanqué de deux tours. L'une d'elles surtout était remarquable par sa hauteur et par sa forme gracieuse ; elle subsiste encore dans un état parfait de conservation ; on dirait que l'ouvrier vient d'y mettre aujourd'hui même la dernière main. C'est certainement un des monuments les plus précieux et les plus beaux que notre département possède dans ce genre. Au centre de la tour s'élevait une superbe pyramide, surmontée d'une girouette de fer longue de plusieurs mètres ; on l'a démolie, parce que la foudre l'avait presque détruite ; à chacun des quatre angles s'élevait aussi une tourelle surmontée d'une girouette. « Cette tour est si magnifique, dit l'abbé d'Aignan dans ses manuscrits, que tous les étrangers, officiers et autres, ont dit n'avoir rien vu de semblable. » L'autre tour s'élevait en face de celle-là ; elle est aujourd'hui entièrement détruite ; elle était loin d'être aussi belle que la première ; « elle l'était cependant assez, dit encore l'abbé d'Aignan, pour se faire admirer. »

Le monastère de St-Fritz, qui était tombé en ruines, fournit en grande partie les matériaux nécessaires pour ces diverses constructions. L'archevêque plaça un capitaine dans le château, et les habitants étaient obligés d'y faire garde, comme dans une place de guerre, lorsque l'ennemi s'approchait ; ils devaient aussi défendre les murs qui étaient surmontés de tours, comme cela paraît encore aujourd'hui.

Arnaud Aubert mourut peu de temps après avoir terminé ce magnifique travail. Les chroniqueurs de son époque ne manquent pas de dire, pour faire son éloge : « *Magnam turrim Bassœnsem ædificavit.* » Il a élevé la grande tour de Bassoues.

Un de ses successeurs, Jean Flandrin, vint visiter ces remarquables constructions, et il fut si content de la réception que lui firent les habitants de Bassoues, qu'il leur accorda de nouveaux priviléges, tout en confirmant les coutumes données par Amanieu II et Guillaume de Flavacourt.

On croit que c'est sous son administration que fut construite l'église, qui se trouve dans l'enceinte de la ville ; elle ne fut élevée qu'à titre de chapelle votive ; l'église paroissiale était celle de St-Fritz. Nous avons vu, en effet, dans un acte de donation, Bertrand Dessosile et Gailbarde de Lapalu, son épouse, restituant des biens situés dans la paroisse de St-Fritz. D'ailleurs, en 1793, avant que le marteau révolutionnaire n'eût détruit cette magnifique église, on y voyait les fonts baptismaux, que nous avons retrouvés sous les décombres. Aussi, du temps où l'archevêque d'Auch n'était pas encore seigneur de Bassoues, le prieur et les religieux du monastère faisaient-ils le service de la paroisse et percevaient-ils les dîmes. Ce ne fut qu'après la suppression de la conventualité et l'union du monastère de St-Fritz avec tous ses revenus à la mense archiépiscopale, que l'archevêque y plaça un vicaire perpétuel appelé, dans un pouillé du quinzième siècle, *capelanus de Bassoua.*

Le service paroissial se fit encore longtemps à St-Fritz ; il ne fut enlevé à cette église que sous le cardinal de Clermont-Lodève : elle était trop éloignée de la ville ; et comme, d'ailleurs, une chapelle dédiée à la Ste-Vierge se trouvait dans les murs, les habitants demandèrent que le serviceparoissial y fût transporté. Ce qui leur fut accordé en 1510. Dès lors la fête de Bassoues n'eut plus lieu le jour de l'invention du corps de St-Fritz ; elle fut fixée au huit septembre, jour de la Nativité de la Ste-Vierge, patronne de cette chapelle, qui reçut le nom de *Ste-Marie de Bassoues*.

Environ deux ans après, par un acte du 12 mai 1512, la communauté des habitants de Bassoues établit dans cette église une consorce de douze prêtres. Pour leur entretien on fixa des rentes obituaires, auxquelles on ajouta quelques propriétés rurales. La fondation portait que les douze prêtres, composant la consorce, devait être, autant que possible, originaires de Bassoues; à défaut de prêtres, on pouvait choisir des clercs, pourvu toutefois qu'ils dussent être promus au sacerdoce pendant l'année. Dans le cas où il ne serait pas trouvé à Bassoues des prêtres ou des clercs pour remplir les postes vacants, il était permis aux patrons d'élire des prêtres du voisinage.

Le cardinal de Clermont-Lodève, retenu depuis longtemps à Rome, arriva dans son diocèse ; il promit aux députés, envoyés à sa rencontre par les habitants de Bassoues, de maintenir leurs coutumes et leurs priviléges, et nous trouvons que le 15 janvier 1521, il accorda de nouvelles faveurs à cette ville : il abandonna l'usage d'une partie du grand-bois ; une halle, assez grande pour l'époque, fut élevée par ses soins ; des marchés furent régulièrement établis le mardi de chaque semaine, ainsi que quatre grandes foires dans l'année : la première, le 17 janvier, le lendemain de la fête de St-Fritz ; la deuxième, le mardi de la Trinité ; la troisième, pour la fête de St-Jean ; et la quatrième, le 29 août, fête de la Décollation de St-Jean-Baptiste ; elles sont encore aujourd'hui les plus renommées de toute la contrée (*). Il fit aussi de nouvelles lois pour la justice criminelle. Comme on le voit dans les coutumes de Bassoues, elle était exercée par les consuls, de concert avec un lieutenant, qui résidait dans la ville. Un article assez important de ces lois concernait le mariage ; il y était établi que la femme, à la mort de son mari, avait droit sur les biens du défunt à la moitié de sa constitution ; et que le mari, après la mort de son épouse, avait droit, pendant toute sa vie, à la jouissance de sa constitution, qu'il y eût des enfants ou non, et à son décès, elle était reversible aux héritiers de l'épouse.

Les habitants de Bassoues vivaient depuis longtemps en paix, sous la sage administration de leurs archevêques, lorsque les hérétiques, faisant appel à toutes les passions coupables, se jetèrent sur nos contrées sous la conduite du farouche Montgommery. Ces hordes de barbares, qui ravageaient tout sur leur passage, massacrant les prêtres, brisant les images, brûlant les églises et les oratoires des saints, ne devaient pas épargner celui de St-Fritz. La confiance que les populations avaient en cet illustre martyr, devait même exciter leur rage frénétique. Après l'avoir pillé, ces misérables le livrèrent aux flammes, qui le détruisirent en grande partie.

On ne sait pas quel fut le sort des habitants de Bassoues. Furent-ils protégés par leurs murailles, ou bien

(*) Depuis quelques années, une foire a été établie le premier mardi de chaque mois.

rachetèrent-ils leur vie selon l'usage par quelque forte rançon? Les chroniques n'en disent rien ; ce qui est certain, c'est qu'ils ne furent pas aussi maltraités que leurs voisins, car les fortifications et le château furent conservés.

Lorsque l'ennemi eut disparu, ils s'empressèrent de se rendre à la chapelle de St-Fritz, persuadés qu'il ne restait plus rien de ce magnifique monument. Mais, quelle ne fut pas leur surprise, lorsqu'ils virent la chapelle où se trouvait le saint martyr, entièrement conservée et le *corps intact*. Les flammes avaient respecté l'autel qui renfermait un aussi précieux dépôt. Ce fut vers la fin de 1569 que Bassoues perdit cette belle basilique.

On a dit que les Huguenots avaient épargné l'église de St-Fritz : cette opinion ne nous paraît pas admissible; une nef latérale et les deux portails, qui existent encore, ne nous laissent aucun doute là-dessus. Ils appartiennent évidemment à la Renaissance, tandis que les ruines de la chapelle du saint accusent une époque plus ancienne que le reste de l'église.

CHAPITRE IV.

Nouvel accord entre la communauté de Bassoues et l'archevêque d'Auch. — Comment les églises de Vic-Fezensac, de Peyrusse-Grande, &c., possédaient-elles des reliques de St-Fritz. — Reconstruction de l'église. — Henri de Lamothe-Houdancour visite le tombeau du martyr. — Prodige qui s'y opère. — Il érige en chapitre la consorce établie dans l'église de la Vierge. — Archiprêtré de Bassoues. — L'archevêque d'Auch ajoute un corps de bâtisse au château de Bassoues. — Pénitents-blancs. — Miracles de St-Fritz. — Partage des biens de l'archevêque.

Les habitants de Bassoues n'avaient certes pas à se féliciter des protestants; cependant, témoins de la discipline que Henri de Navarre faisait régner dans son armée, ils ouvrirent les portes de leur ville à ce nouveau chef, le 8 mars 1577. Bassoues était une place assez importante par ses fortifications; Henri de Navarre y mit une garnison pour la défendre ; toutefois, il laissa les habitants libres de communiquer avec leur seigneur. Cette même année 1577, il fut fait un accord, par lequel la communauté se chargeait des tailles et autres subsides des biens de l'archevêque, et celui-ci renonçait aux fiefs, aux quêtes et à l'usage du grand-bois, moyennant une rente de dix écus de fief. Il donna encore le droit de chasse et accorda la liberté de bâtir des moulins et des colombiers. Ces transactions eurent lieu sous le cardinal Louis d'Est.

Son successeur, Léonard de Trappes, afin de remédier aux maux causés par la Réforme, résolut de parcourir tout son diocèse, accompagné de quelques prêtres, et de prêcher lui-même à son peuple la saine doctrine. Il arriva à Bassoues en 1623. L'église de St-Fritz ne présentait plus alors que des ruines, et la crypte, que les flammes avaient respectée, ne renfermait plus que quelques reliques. Les habitants de Bassoues, craignant le retour des Huguenots, avaient divisé le corps du saint martyr et l'avaient envoyé en dépôt dans les paroisses voisines pour le mettre en sûreté.

Léonard de Trappes, voulant sans doute que ces précieux dépôts fussent restitués plus tard à Bassoues, fit constater ce fait dans le procès-verbal, qui fut dressé à l'occasion de sa visite. Cette pièce précieuse a été conservée aux archives de l'archevêché, jusqu'en 1793; elle indiquait à quel titre les églises de Vic, de Peyrusse-Grande, &c., possédaient les reliques de St-Fritz.

Une note, que nous avons trouvée dans les archives d'Auch, nous a fait découvrir le lieu où était déposée la tête de notre saint martyr ; nous nous sommes empressé de la faire connaître à Monseigneur de Salinis : En conséquence, ce pieux prélat, heureux de contribuer à relever le culte d'un des principaux saints de son diocèse, rendit, le 29 mai 1857, une ordonnance par laquelle il prescrivait aux habitants de Peyrusse-Grande de rendre ce saint dépôt. M. l'abbé Darré, vicaire-général du diocèse, fut chargé de son exécution, et le premier du mois de juin, le chef de St-Fritz rentrait dans son antique chapelle, aux acclamations d'une foule immense accourue à sa rencontre (*).

Ce fut à la voix de Monseigneur de Trappes, que les habitants de Bassoues résolurent de rétablir la chapelle dédiée au saint martyr. Elle fut reconstruite sur l'ancien plan et avec un nombre égal d'autels sous les mêmes vocables ; on suivit seulement le goût de l'époque. D'après ce qui en reste et le souvenir de nos vieillards, l'église de St-Fritz se composait de trois nefs. Vers le milieu de la nef centrale on descendait deux degrés et l'on se trouvait en face d'une grande grille de fer, qui était regardée comme un chef-d'œuvre de l'art; elle s'élevait jusqu'à la grande voûte. Après cette grille, se trouvaient encore quelques degrés pour descendre à la chapelle du saint. Derrière l'autel était le tombeau, où l'on pouvait se rendre par deux portes latérales. Sur la voûte de la chapelle s'élevait l'autel de la Trinité ; deux escaliers, partant de l'entrée de la chapelle, y conduisaient. A l'extrémité de chaque nef latérale se trouvaient deux autels, de sorte qu'en entrant par le grand portail de la nef centrale, on avait devant soi, à ses pieds, l'autel du martyr ; au-dessus, l'autel de la Trinité ; à droite, l'autel de St-Jean ; à gauche, on ne voyait plus d'autel depuis le passage de Montgommery. Mais, avant la destruction de la chapelle, on y célébrait les offices, le 29 août, fête de la Décollation

(*) Voir la note H. pour le détail de la translation.

de St-Jean. Auprès de cet autel, se trouvait une porte, reste de l'ancien monastère des Bénédictins. Le seuil, profondément usé par les pas des pèlerins, comme on le voit encore aujourd'hui, prouve sa haute antiquité. Une tour très élevée couronnait le magnifique portail de l'entrée principale. Sur chaque portail, St-Fritz était représenté à cheval, portant la couronne sur la tête et le sceptre à la main ; on y lit cette inscription : *sanctus Frisius, filius regis Frisiæ,* et cette autre : *sancte Frisi, ora pro nobis.*

La dévotion à notre saint martyr survécut à toutes les guerres de religion. Dans l'ancien missel, il y avait une messe particulière de St-Fritz, et sa fête était célébrée avec pompe dans plusieurs localités. Un grand nombre d'églises lui étaient dédiées : ainsi, à Vic-Fezensac, le chapitre collégial se rendait en procession la veille de la fête à la chapelle du cimetière, qui possédait une relique considérable de notre saint. Le concours du peuple y était prodigieux ; on chantait les premières vêpres, et le lendemain on chômait la fête jusqu'à midi, « par grande dévotion. » Mais le lieu qui semblait être proprement le théâtre de la gloire de St-Fritz, était Bassoues. Tous les jours de nombreux étrangers affluaient à son tombeau, attirés par les merveilleuses guérisons qui s'y opéraient.

Henri de Lamothe-Houdancour, archevêque d'Auch, eut aussi la pieuse curiosité de voir les reliques du saint martyr. Il se rendit donc à Bassoues, et entra dans l'église de l'illustre thaumaturge, accompagné seulement de M. Caupène, curé de Litges, et de M. Treille, curé de Scieurac. On força le peuple qui avait suivi en foule l'archevêque, à rester hors de l'église. Mais quelle ne fut pas sa surprise, lorsqu'une demi-heure après, on vit sortir l'archevêque et les prêtres, qu'il avait pris avec lui, tout tremblans, et la pâleur de la mort peinte sur le visage. Tout le monde était saisi d'étonnement et de frayeur, quand l'archevêque se tournant vers ses compagnons : « Je vous défends, leur dit-il, sous peine d'excommunication majeure, de dire ni pendant votre vie, ni à votre mort, ce qui est arrivé, ni ce que vous avez vu. » Et s'adressant ensuite au peuple, il ajouta : « Dieu a puni une trop grande curiosité, je n'avais pas une conscience assez pure pour entreprendre une chose aussi sainte ; ayez toujours une grande dévotion à St-Fritz. » Quelques jours après, il faisait de notre saint l'un des patrons de la chapelle de son château de Mazères. Dom Brugelles prétend avoir connu le terrible secret que l'abbé d'Aignan semblait ignorer dans le récit que nous venons de citer. « Dès qu'on leva, dit-il, la grande pierre qui couvrait le cercueil, il en sortit une flamme qui les épouvanta si fort, qu'ils fermèrent bien vite le tombeau, et ils se retirèrent remplis de frayeur. »

Avant de rentrer dans sa ville épiscopale, l'archevêque érigea en chapitre la consorce de douze prêtres établie dans l'église de Ste-Marie de Bassoues.

Ces nouveaux chanoines furent assujettis au même règlement que ceux d'Auch, et, en outre, ils furent obligés d'assister chaque jour à deux messes, dont l'une était chantée : « les offices, dit Dom Brugelles, y sont faits avec autant de solennité qu'à Ste-Marie d'Auch, la musique près. » Un prédicateur était même appelé tous les ans pour prêcher le carême.

La cure fut aussi dès ce moment unie au chapitre; et depuis cette union, elle fut exercée par un vicaire perpétuel, pris parmi les chanoines, et qui avait le titre d'archiprêtre.

L'archiprêtré de Bassoues comprenait vingt-trois églises, dont nous allons donner le nom avec celui des patrons de chacune d'elles.

Bassoues, la Nativité de la Ste-Vierge.
Ardens, St-Pierre.
Gignan, annexe, St-Martin.
Pujos, annexe, Ste-Madeleine.
Callian, St-Martin.
Cazaux-d'Anglès, Notre-Dame.
Mongailhard, annexe, St-Jean-Baptiste.
Castelnau-d'Anglès, St-Pierre.
Flores, annexe, St-Julien.
Gazax, St-Martin.
Bacarisse, annexe, St-Pierre.
Louslitges, St-Pierre.
Courties, annexe, St-Pierre.
Cau, Ste-Afre.

Monterau, annexe, St-Loup.
Mascaras, St-Pierre.
Montégut-de-Gures, St-Barthélemy.
Bière, annexe, St-Etienne.
Peyrusse-Grande, St-Mamès.
St-Laurent, annexe, St-Laurent.
Peyrusse-Vieille, St-André.
St-Christau, St-Christophe.
Pouylebon, Ste-Anne.

L'archiprêtre recevait une double portion canoniale, et il était de la collation de l'archevêque, qui disposait aussi de trois autres canonicats.

Les consuls en présentaient quatre; les autres étaient à la disposition d'un certain Nogaro, natif de Bassoues, et ensuite chanoine de Ste-Marie d'Auch. Il avait fondé, quelques années auparavant, une messe matutinale, qui devait être célébrée à perpétuité dans la chapelle de la Vierge. Il avait laissé pour cette fondation deux métairies, situées à Auch; et, à cette considération, la communauté de Bassoues lui avait abandonné, et après lui à ses successeurs, la nomination à quatre places.

Ce fut pendant son séjour à Bassoues que l'archevêque fit construire un grand corps de maison entre les deux tours situées en dehors de la ville du côté du levant. Cette nouvelle bâtisse fut aussi flanquée de deux petites tours, qui, aujourd'hui, ont presqu'entièrement disparu.

Avant sa mort, Monseigneur de Lamothe-Houdancour dota Bassoues d'une nouvelle institution ; il y fonda la confrérie des *Pénitents blancs.*

Les Pénitents blancs de Bassoues n'avaient pas le sac aussi large que ceux de Paris ; ils étaient revêtus d'une espèce d'aube, avec le capuchon pointu, qui voilait leur visage, laissant seulement deux ouvertures pour les yeux. Il n'y a que quelques années encore, on voyait un grand nombre de pénitents à nos processions ; mais comme ils n'avaient plus de chapelle pour se réunir, cette congrégation a fini par se dissoudre.

La chapelle située non loin du château subit le sort de tant d'autres monuments religieux ; elle fut aliénée au commencement de la révolution de 1793.

Pendant ce temps, St-Fritz, pour récompenser la piété des habitants de Bassoues, faisait de nombreux miracles en leur faveur ; et les étrangers qui venaient en pèlerinage auprès de ses reliques se retiraient comblés des plus insignes faveurs.

Vers cette époque, l'an 1684, une noble dame qui ne voulut pas dire son nom, et qui avait défendu à ses serviteurs de se faire connaître, vint en pèlerinage au tombeau de notre saint. On la vit traverser la ville nu-pieds, malgré les rigueurs de l'hiver, et se rendre ainsi à l'église de St-Fritz. Elle accomplissait un vœu : sa fille en proie à une maladie mortelle était abandonnée des médecins ; elle promit de faire un pèlerinage à la chapelle de notre martyr, si la santé était rendue à son enfant, et aussitôt le mal disparut. Elle venait rendre grâces au libérateur de sa fille.

Peu de temps après, un seigneur, nommé de Cuse, vint offrir à la chapelle du saint un bras d'argent pour accomplir un vœu de son épouse. Les médecins avaient déclaré que, s'il voulait conserver la vie à son fils estropié, il fallait lui amputer le bras sur-le-champ. La mère, désolée, demanda qu'on suspendît pour quelques minutes l'exécution de cet arrêt terrible. Retirée dans son appartement, elle se jeta, la face contre terre, et, les larmes aux yeux, elle pria St-Fritz d'avoir pitié de son enfant. Pour perpétuer à jamais le souvenir du bienfait qu'elle attendait de sa puissance, elle lui promit de faire déposer un bras d'argent sur son tombeau. L'enfant s'était endormi; bientôt il s'éveille en s'écriant: Je suis guéri, St-Fritz m'a visité pendant le sommeil. Le mal, en effet, avait entièrement disparu et le vœu fut fidèlement accompli. Jusqu'en 1793, ce bras d'argent fut soigneusement conservé dans la chapelle de St-Fritz; mais à cette époque, il fut envoyé, sans doute, à l'hôtel des monnaies, avec le reste des trésors qui avaient été déposés sur le tombeau de St-Fritz par la piété des fidèles.

Un curé du diocèse, atteint du haut-mal, avait été suspendu de ses fonctions; il fit vœu de constituer une rente annuelle pour entretenir une lampe auprès des saintes reliques. A peine eut-il accompli sa promesse, qu'il se trouva entièrement guéri.

Un seigneur, nommé Lanefranquon, avait un serviteur en proie à la même maladie ; son mal ne lui accordait pas un moment de relâche ; un jour même, il se laissa tomber dans le feu. Son maître promit de faire dire une messe à la chapelle de St-Fritz, et le mal ne reparut plus.

Un habitant d'Auch était sujet à de fréquentes attaques d'épilepsie ; il fit un vœu en l'honneur du saint, et il guérit radicalement, aussitôt après l'avoir accompli.

Nous pourrions citer encore une infinité de miracles opérés par l'illustre martyr : nous nous contenterons de ceux que nous venons de raconter ; nous les avons trouvés consignés dans les Bollandistes, et leur souvenir n'est pas encore effacé de la mémoire du peuple.

Le nombre des pèlerins augmentait tous les jours, et rien n'était capable d'arrêter leur élan : ni l'intempérie des saisons, ni la distance des lieux, ni la difficulté des chemins. Les archevêques d'Auch, pour rendre notre ville plus accessible aux étrangers, firent tracer un grand nombre de routes. Monseigneur d'Apchon surtout mérite notre reconnaissance sous ce rapport. Nous voyons la communauté lui députer M. de Thauzia, consul, M. de Belloc et M. Darquier, pour lui communiquer les tracés les plus convenables à suivre, et le remercier de l'intérêt qu'il portait à la ville. Malheureusement ce saint prélat ne demeura pas longtemps sur son siége ; la mort vint l'arracher à l'affection de ses diocésains. Les habitants de Bassoues versèrent des larmes à cette nouvelle, et firent célébrer un service solennel pour le repos de son âme, « s'y croyant obligés à tous égards », est-il dit dans la délibération du conseil.

Un projet, qui aujourd'hui est sur le point d'être exécuté, avait été proposé à cette époque ; c'était la rectification du chemin de St-Fritz. M. de Pins devait fournir le terrain nécessaire ; la mort de l'archevêque arrêta ces importants travaux. D'ailleurs, l'horizon commençait déjà à s'assombrir, et l'échafaud de la royauté se préparait. A Bassoues, comme dans tout le reste de la France, la mort de Louis XVI fut le signal des plus affreux excès. Rien ne fut épargné; et, au nom de la liberté et de la fraternité, on se livra aux actes les plus arbitraires.

La plus grande partie du territoire de Bassoues appartenait à l'archevêque d'Auch. Louis-Apollinaire de Latour-Dupin-Montauban avait été obligé de fuir devant la persécution. Les apôtres de l'égalité trouvèrent très naturel de s'emparer de ses biens. Le peuple fut convoqué à cet effet. Le citoyen *** fils, commissaire nommé par le Conseil général, donna connaissance à l'assemblée de l'objet de sa convocation, et lui proposa de procéder à l'élection de ceux qui devaient être chargés du partage.

Le citoyen ***, père, fut choisi pour président, et le citoyen **** fut élu secrétaire. Personne n'ignore à Bassoues que, tout en prêchant l'égalité, les chefs du pillage réservèrent pour eux la part du lion.

CHAPITRE V.

Départ des chanoines. — Profanation de Ste-Marie de Bassoues. — Démolition de la chapelle de St-Fritz. — La main de Dieu s'appesantit visiblement sur les démolisseurs de la chapelle.

Ceux que nous avons vus se partager les dépouilles de l'archevêque et de l'Église ne s'arrêtèrent pas à ces actes arbitraires. Pour être en sûreté dans leurs injustes possessions, ils cherchèrent à se défaire de leurs victimes et à détruire entièrement la religion. Le culte catholique fut interdit et les principaux habitants de la ville jetés en prison ; on lança des mandats d'arrêt contre les chanoines, accusés de trahir la République. La population heureusement avait pour le clergé le même attachement qu'aujourd'hui ; elle brava les menaces des méchants, et favorisa la fuite des prêtres persécutés; quelques-uns même demeurèrent cachés dans la localité. Deux seulement tombèrent entre les mains des révolutionnaires et périrent sur l'échafaud. Ceux qui rentrèrent plus tard dans leur patrie, furent vénérés comme des confesseurs de la foi, et aujourd'hui on les regarde comme des saints.

L'église paroissiale servit à tenir des assemblées patriotiques. Les jours de fêtes, on y dansait la carmagnole, et la chaire de vérité était occupée par des impies, qui prêchaient au peuple les plus affreuses doctrines. Ce fut une raison pour conserver ce monument; mais la chapelle de St-Fritz, qui ne paraissait plus devoir être d'aucune utilité à ces malheureux, devint l'objet de leur exécrable fureur; ils renversèrent les voûtes, brisèrent les autels, et leurs mains sacrilèges profanèrent les vases sacrés. En décrétant la démolition de ce monument, l'un des plus beaux de la Province, le conseil fut entraîné par quelques meneurs, et c'est sur eux surtout que doit retomber la responsabilité d'un acte aussi impie. Nous citons la délibération prise à cet effet :

« Le vingt-huit vendémiaire an trois de la République française une et indivisible, le Conseil général de la commune de Bassoues, assemblé aux formes ordinaires dans la maison commune dudit lieu, où se sont trouvés les citoyens......

« A comparu l'agent national près ladite commune qui a dit que, d'après l'arrêté du représentant du peuple Mallarmé, en date du 14 vendémiaire courant et d'après l'article premier, tout ce qui était autrefois chapelle et qui se trouve isolé dans les campagnes, ou à l'entrée des communes, et n'était pas ce qu'on appelait la principale église, devait être renversé, démoli de fond en comble, de sorte qu'il n'en reste plus le moindre vestige ;

« Que d'après l'article second, les municipalités devaient faire exécuter sous la plus sévère responsabilité la démolition des dites chapelles en leur présence, ou en celle d'un commissaire nommé à cet effet ; elles étaient de plus autorisées à mettre en réquisition des ouvriers pour la démolition la plus prompte et à employer les matériaux à faire tel ouvrage que bon leur semblera ;

« Que comme cet arrêté frappe de démolition la ci-devant chapelle de St-Fritz à l'entrée de la commune, et que d'après la lettre de l'agent national près le district de Mirande, du 26 du courant, le grand intérêt qu'il y a à en conserver momentanément une partie pour le rivage des terres propres à l'extraction du salpêtre, amène sans difficulté une exception à la loi qui n'a pu tout prévoir et qui nous autorise à surseoir à toute démolition de la partie dans laquelle on puise les terres salpêtrées, le dit agent national requiert :

« Que le clocher de ladite chapelle et son sanctuaire au levant soient de suite renversés, démolis de fond en comble, de sorte qu'il ne reste plus le moindre vestige des deux objets ci-dessus, sans préjudice de la démolition du surplus, les terres salpêtrées extraites ;

« Et que relativement à l'article second dudit arrêté, il soit de suite nomme un commissaire pour présider à ces opérations et a signé,

« *** *Agent national.* »

« **Le Conseil général de la commune ayant pris en considération le réquisitoire de l'agent national et ayant une pleine connaissance de l'arrêté ci-dessus, demeurant la lettre de l'agent national près le district de Mirande ci-dessus citée, arrête à l'unanimité :**

« Que le clocher de la ci-devant chapelle de St-Fritz et son sanctuaire au levant, seront démolis sans aucun délai, de sorte qu'il n'en reste plus le moindre vestige ;

« Que pour se conformer à l'article second, la municipalité ne pouvant se flatter d'y être toujours présente, ce qu'elle offre pourtant de faire autant que les circonstances le lui permettront, a unanimement nommé pour commissaire à ces fins la personne du citoyen ***** pour présider aux démolitions ci-dessus, lequel sera autorisé à mettre en réquisition des ouvriers pour la démolition la plus prompte à la charge par lui de tenir état de toutes les journées des ouvriers qui seront employés à cette démolition, esquels ouvriers seront payés des fonds provenant de la vente des matériaux, et au cas où ils seraient pressés pour le paiement de leurs journées, le Conseil arrête qu'il sera tiré des bons sur le percepteur, sur les fonds qu'il a en main, sauf à le lui réintégrer, s'il y a lieu, lors de la vente desdits matériaux.

« Séance tenante et sans désemparer, l'agent national a encore dit : que demeurant l'invitation faite à la municipalité par la société populaire du présent lieu d'abattre les ormes au couchant de l'église de St-Fritz, et l'arrêté pris par la municipalité à cet égard, le 10 du courant, il requiert que l'arrêté pris sur ladite invitation sorte à plein son effet et a signé,

« *** *Agent national.* »

« Le conseil, d'après le réquisitoire de l'agent national pris en considération et d'après l'arrêté dudit conseil pris ledit jour 10 vendémiaire, relativement aux ormes dont il s'agit, arrête unanimement que pour les faire sortir à son plein et entier effet, lesdites ormes seront de suite abattues pour être employées en sabots pour tout ce qui pourra y être converti, et le surplus employé au profit de ladite commune ; sur quoi le conseil se réserve de statuer et pour aviser que tout se fasse régulièrement et empêcher que rien ne s'écarte, le conseil a unanimement nommé et choisi pour commissaire à ces fins la personne de****** lequel observera ce qui peut être converti en sabots, employé en feu ou utilisé à d'autres ouvrages.

« Comme aussi le conseil considérant la dilapidation qui a eu lieu sur les carreaux des ci-devant églises, soit principale, soit celle de St-Fritz, et voulant prévenir la dilapidation totale, enlever et vendre les pierres qui servaient aux croix, arrête qu'il sera fait une invitation au son de la caisse à tous ceux qui pourront en avoir profité d'avoir à se rendre devant la municipalité pour faire la déclaration de ce qu'on peut avoir pris pour en payer le montant.

« Quant à la vente de ce qui reste elle sera annoncée le jour de la décadi prochaine, le peuple assemblé, et ce jour même celui de la vente en sera fixé, laquelle sera faite en présence du conseil, et ont signé ceux qui ont su....... »

Dès le lendemain cet arrêté fut mis à exécution. La ville de Bassoues avait vu souvent ses églises saccagées et livrées aux flammes; mais du moins ce brigandage avait été l'œuvre des hordes barbares et des disciples de Luther ; cette fois, ce furent ses propres enfants qu'elle vit se ruer sur un monument qui faisait toute sa gloire. On ne doit pas accuser le peuple de ces actes de vandalisme et d'impiété ; sa foi était trop vive, il n'aurait pas pu se montrer aussi ingrat envers le saint Martyr qui l'avait si souvent comblé de ses bénédictions; ce fut avec peine qu'il prêta ses bras pour accomplir ce crime.

Les chefs du pillage comprenaient bien que la population ne supportait leur joug que par crainte, et quelle désapprouvait leur conduite criminelle : aussi pour la forcer, autant qu'il était en leur pouvoir, de participer à leur mauvaise action, ils imposèrent à chaque chef de maison une portion de fer de la chapelle, et ils vendirent le reste des matériaux ; toutefois ils en conservèrent la plus grande partie pour eux, et ils en construisirent leurs maisons.

Le règne de l'impie n'est pas de longue durée. Quand des jours meilleurs se levèrent pour la France, la population demanda à grands cris la punition des profanateurs du tombeau de St-Fritz ; il eût été facile d'user de représailles ; mais le conseil se contenta de les flétrir à jamais par une délibération, où nous trouvons dévoilée toute la perversité de ces malheureux. Si notre caractère ne nous imposait pas le silence, nous pourrions reproduire cette pièce importante qui demeurera comme un témoignage certain que la population de Bassoues n'a pas trempé dans le crime de ses oppresseurs. Puissent ces malheureux avoir obtenu grâce devant le Dieu de miséricordes ; St-Fritz, il faut l'espérer, n'aura pas refusé sa protection aux profanateurs eux-mêmes de son tombeau, et Dieu se sera contenté de les avoir humiliés sur la terre, car on les a vus tous, sans exception, maudits de leurs concitoyens, frappés dans leurs familles, en proie à de longues souffrances, traîner misérablement au tombeau leur vieillesse déshonorée.

CHAPITRE VI.

Restauration d'une nef latérale de St-Fritz. — Punition d'une femme qui avait osé mépriser la fontaine miraculeuse. — Fête de la Trinité. — Reconstruction de la chapelle.

Dès que la liberté fut rendue à la religion, les habitants de Bassoues s'empressèrent de rappeler les prêtres, qui avaient été chassés et qui survivaient encore à la tempête révolutionnaire. L'archiprêtre, de Laubadère, fut le premier chargé de l'administration de la paroisse. La popularité qui s'est attachée à son nom et qui a survécu à toutes les vicissitudes des choses, nous montre l'ascendant que ce saint prêtre avait sur tous les cœurs : On raconte encore avec bonheur plusieurs traits de sa générosité, et son testament restera toujours comme un souvenir impérissable de son inépuisable charité (*).

A sa mort, M. l'abbé de Belloc, mort vicaire-général d'Auch en 1857, fut désigné pour exercer son zèle dans le pays qui l'avait vu naître.

Une nef latérale avait été conservée pour le rivage des terres ; il s'empressa d'en fermer les arceaux ; il y éleva un autel, et plaça au-dessus, dans une niche, le

(*) Voir la note III.

buste du saint, que le peuple accompagne avec tant de respect dans nos processions. La chapelle possédait autrefois une magnifique statue de St-Fritz, au pied de laquelle venaient prier les pèlerins. M. l'abbé de Belloc trouva dans sa maison une partie de la tête, que son père avait arrachée des mains des révolutionnaires, et il s'en servit pour former le nouveau buste. Aussi le peuple a-t-il une dévotion toute particulière pour cette image vénérée ; et ceux qui viennent visiter le tombeau, se retireraient avec mal au cœur, s'ils ne pouvaient la toucher ou placer sur elle quelque objet de piété.

Derrière l'autel, sur six colonnes de marbre, fut élevé l'antique tombeau du saint, qui rappelait de si touchants souvenirs, et qui, pendant plus de dix siècles, avait été l'objet de la vénération de toute la province. L'impiété ne l'avait pas épargné ; après en avoir brisé le couvercle, on avait emporté le reste pour servir d'abreuvoir aux animaux. Cette profanation ne devait pas rester impunie : le premier bœuf qui s'en approcha, tomba raide mort. C'en fut assez pour le faire respecter, et on s'empressa de le rendre aussitôt après que la tourmente révolutionnaire eut cessé. (*)

On apprit bientôt au loin que les saintes reliques avaient été rapportées dans leur chapelle. On accourut de toutes les contrées voisines pour leur rendre hommage et pour leur faire une réparation solennelle des outrages quelles avaient reçus. De nombreux miracles

(*) Ce fait nous a été raconté par des témoins oculaires.

récompensèrent la foi des pèlerins et encouragèrent leur dévotion. L'esprit d'indifférence et d'athéisme avait considérablement diminué, il est vrai, la piété touchante de nos pères; les fêtes n'étaient plus aussi brillantes, la multitude paraissait moins recueillie; mais le peuple qui voyait dans St-Fritz un protecteur assuré, ne se laissa jamais entièrement dominer par des systèmes impies qui flétrissent le cœur; et les malheureux qui, dans leur délire, avaient cru faire oublier à jamais le nom du glorieux martyr, furent obligés de venir eux-mêmes se prosterner devant ses reliques et de chanter ses louanges.

Le fait suivant vint montrer qu'il n'était pas permis d'attaquer impunément la puissance de St-Fritz; il se trouve consigné en ces termes dans les registres de la paroisse :

« Ayant ouï dire qu'Henriette B***, épouse de B*** (*), habitant à Guillembonnet, en cette paroisse, s'étant trouvée à la fontaine de St-Fritz, saine et bien portante, et ayant vu un grand nombre de personnes, attirées par leur dévotion, laver leurs plaies, leurs douleurs et boire de cette eau, avait dit avec le ton de la répugnance qu'elle ne se déterminerait jamais à boire de cette eau, ainsi que le faisaient ceux qui se trouvaient là ;

Qu'ayant entendu raconter, en outre, que s'étant

(*) On comprend le sentiment qui nous fait taire des noms propres.

retirée sur-le-champ, elle avait ressenti une sècheresse de bouche et une petite soif, qui avait augmenté progressivement, au point qu'elle n'avait trouvé aucun moyen pour l'étancher; qu'inutilement elle allait manger son pain dans les fontaines les plus fraîches; à peine l'avait-elle dans la bouche qu'il y séchait ; que cette punition avait duré près de deux mois, jusqu'à ce que, se ressouvenant de l'espèce de mépris avec lequel elle avait parlé de la fontaine miraculeuse, elle s'était empressée de communiquer le tout à son oncle, M. l'abbé B***, ancien chanoine de Ste-Marie de Bassoues; que celui-ci l'avait engagée à faire une dévotion au Saint, avait célébré le Saint-Sacrifice dans sa chapelle, et qu'Henriette B*** avait vu cesser sa soif importune aussitôt après qu'elle avait eu bu respectueusement de l'eau de la fontaine miraculeuse, je soussigné, désireux de vérifier ce fait, déclare avoir appelé Henriette B***, aujourd'hui 22 mai 1818, et avoir appris d'elle que tous ces faits étaient réellement conformes à la vérité. » Barrière. »

Ce fait incontestable et connu de tout le monde, attira auprès de St-Fritz ceux qui hésitaient encore. Ce généreux protecteur oublia le passé; sa main bienfaisante s'étendit de nouveau sur notre paroisse, qu'il n'a jamais cessé de protéger visiblement.

Aussi la ville de Bassoues s'estime-t-elle heureuse de posséder ses saintes reliques. Grâce à la renommée de son illustre thaumaturge, elle sera toujours le lieu de réunion de toute les contrées voisines, le centre des fêtes les plus brillantes. Que peut-on comparer, en effet, à nos fêtes religieuses! Ceux qui ont vu d'immenses concours, assisté à de grandes fêtes nationales, avouent que rien ne les a touchés comme l'enthousiasme de ces flots de peuple agenouillé devant les reliques de notre saint, chantant sa gloire et son triomphe.

Trois fêtes surtout sont remarquables par le concours immense des populations de la contrée : la fête de St-Fritz, la fête de la Trinité et la fête de St-Jean; c'était les fêtes des trois autels de la chapelle. Inutile de dire que le peuple chôme entièrement les fêtes de St-Fritz et de St-Jean; mais celle de la Trinité l'emporte sur toutes les autres fêtes de l'année par les magnificences qu'on y déploie et par l'affluence des étrangers qui y accourent des pays les plus éloignés.

Longtemps avant le jour, la ville est déjà remplie de monde : ce sont les pèlerins qui viennent laver leurs plaies dans les eaux salutaires de la fontaine miraculeuse, visiter les lieux témoins du courage et de la mort du glorieux martyr. Après avoir satisfait ce pieux empressement, ils se rendent au pied des autels, pour assister au Saint Sacrifice de la messe, qui est offert à toutes les heures de la matinée par les prêtres des paroisses voisines, et ils y attendent dans le recueillement, la cérémonie solennelle qui va bientôt avoir lieu.

Vers dix heures les cloches de Ste-Marie sont mises

à la volée, et le peuple accourt en toute hâte à l'église, pour aller chercher en procession les reliques du saint. Bientôt le signal du départ est donné ; à la suite de la croix, se précipite une foule immense, dont on ne peut s'empêcher d'admirer la foi et la piété. Arrivé à la chapelle de St-Fritz, le célébrant chante une oraison, et la procession reprend le chemin de la ville. Le buste du saint placé sur un pavillon richement orné, précède le clergé; puis viennent les reliques, qui autrefois étaient portées par les consuls de la ville. L'autorité municipale ferme le cortége, souvent arrêté dans sa marche par le peuple, qui se précipite au-devant des saintes reliques. Le clergé, les jeunes gens de Bassoues et des lieux environnants, groupés autour du pavillon, font retentir les airs de ce verset mille fois répété : *Sancte Frisi, ora pro nobis.* Mais impossible de décrire tout ce qu'il y a de touchant dans l'enthousiasme général qui se traduit en tant de manières différentes.

Lorsque les saintes reliques sont arrivées à l'église, commence la célébration de l'office divin; la grand'messe est chantée avec pompe. Après la messe, les prêtres présentent les reliques à baiser au peuple; et cette cérémonie dure plus d'une heure, quoique, depuis le point du jour, un prêtre n'ait pas cessé un instant de les tenir entre les mains pour satisfaire la dévotion des pèlerins. Il faut l'avouer cependant : depuis la démolition de la chapelle, Bassoues n'a plus vu cette foule innombrable, ces caravanes journalières qui faisaient du sanctuaire de St-Fritz, un des lieux de dévotion les plus fréquentés du diocèse; une multitude de malades de toute sorte venaient chercher auprès de ces reliques la guérison de leurs infirmités. Le tombeau où elles reposaient, était un lieu de pèlerinage pour toutes les provinces voisines ; et non seulement le peuple, mais encore les grands seigneurs, les magistrats, les prêtres, les évêques eux-mêmes se faisaient un devoir de venir présenter leurs hommages à notre saint martyr.

Les plus incrédules eux-mêmes étaient obligés de se rendre à l'évidence des faits ; ils voyaient passer les malades, les infirmes, offrant à tous les regards le triste spectacle de leurs misères ; les uns atteints du haut-mal, les autres couverts d'une lèpre hideuse ou paralytiques. Ils recommandaient à leurs voisins, à leurs amis de prier pour eux, ayant pleine confiance dans la protection de St-Fritz, et bientôt on les voyait revenir entièrement guéris.

La puissance de St-Fritz n'est pas moins grande aujourd'hui, ni sa protection moins efficace que dans les jours antiques, témoins des miracles extraordinaires que nous avons racontés. Aujourd'hui comme alors il aime à récompenser la foi de ceux qui viennent implorer son secours ; aujourd'hui comme alors il suffit d'un cœur pur et d'une confiance sans bornes pour obtenir les grâces les plus signalées.

Le 6 juin 1857, une femme de la contrée vint à notre chapelle demander une messe pour sa fille âgée de dix ans, en proie à une fièvre dévorante qui ne lui laissait pas un moment de relâche depuis dix-huit mois. La malheureuse enfant faisait pitié à voir ; à peine pouvait-elle se traîner, soutenue par le bras de sa mère. Le lendemain, cette pieuse femme fit la communion à la messe, et après avoir visité une dernière fois le tombeau du saint, elle se retira avec la confiance que ses prières avaient été exaucées, car sa fille avait déjà éprouvé un mieux sensible. Quelques jours après elle revint célébrer avec nous la fête de St-Jean, et elle nous déclara que sa fille n'avait plus eu la fièvre. L'enfant, en effet, paraissait entièrement changée. Une messe fut dite en actions de grâces, et l'heureuse mère promit de faire chaque année, avec sa fille, un pèlerinage à la chapelle de St-Fritz.

Un enfant de la paroisse même de Bassoues, âgé de 14 ans, était atteint du haut-mal, et sujet à de fréquentes attaques. Voyant qu'il n'y avait plus d'espoir de le guérir, et témoins des merveilles qui s'opéraient au tombeau du saint martyr, ses parents songèrent à recourir à sa protection ; ils le conduisirent auprès des saintes reliques vers la fin du mois d'août 1857, et firent dire une messe pour demander sa guérison ; depuis plusieurs mois il n'a plus rien éprouvé.

Il faut espérer que des faits aussi éclatants feront comprendre de plus en plus à nos populations le grand intérêt qu'elles ont à se rendre favorable un saint aussi puissant auprès de Dieu.

Mais, hélas ! les pierres du sanctuaire ont été dispersées; des mains sacriléges ont détruit le temple que la piété de nos pères avait élevé, et l'œil attristé ne se repose plus que sur des ruines misérables, des décombres grossiers. Le moment n'est-il pas venu, aujourd'hui surtout que nous avons recouvré les précieuses reliques, que nous avions perdues depuis plus de deux cents ans, le moment n'est-il pas venu de rendre la vie à ces pierres qui gisent tristement autour de nous et de restituer, à notre saint patron, la demeure qu'il s'était choisie et dans laquelle il aimait à faire éclater la puissance de sa protection? C'est ce que nous avons pensé ; et, malgré des difficultés sans nombre, l'entreprise est déjà commencée. Nous avons compté sur la protection du saint martyr, et notre espérance n'a pas été trompée : au premier appel que nous avons fait à notre généreuse population, plus de mille bras sont venus à notre secours, et, ce qu'il y a de touchant, c'est que ce sont des enfants, des mains innocentes qui nous ont aidé les premiers à commencer ce travail. Les décombres ont été enlevés en peu de jours, et la vue des ruines magnifiques qu'ils cachaient à nos regards, redoublant l'enthousiasme, les chantiers ne désemparent plus d'ouvriers, qui viennent d'eux-même offrir leur travail, heureux d'arroser de leurs sueurs cette terre et ces débris sanctifiés par tant de prodiges. Une année s'est à peine écoulée depuis que nous avons mis la main à l'œuvre, et déjà une des nefs latérales et la crypte de l'église que nous avons projetée, touchent à leur couronnement. C'est l'œuvre de la foi et de la piété des populations de toute la contrée, si dévouées et si religieuses. Nous sommes heureux de pouvoir leur payer publiquement ici le juste tribut d'admiration et de reconnaissance que nous leur devons à tant d'égards. Nous n'oublierons pas les nombreux visiteurs qui viennent tous les jours admirer les tristes restes d'un temps qui n'est plus; leurs encouragements et leurs secours nous ont été d'une grande utilité. Mais les besoins augmentent à mesure que l'œuvre avance; la commune de Bassoues, malgré son dévouement, ne pourra plus suffire aux dépenses qu'elle exige. Le zèle des fidèles peut se ralentir; serions-nous condamnés à laisser inachevée une entreprise commencée avec tant d'enthousiasme et sous des auspices si heureux. Non, il n'en sera point ainsi ! Nous en avons pour garant l'émotion invincible qui gagne le cœur à la vue de cette chapelle, témoin de tant de merveilles, de ces reliques vénérées, de cet autel où tant de prêtres et de saints pontifes sont venus immoler la victime sacrée, pour rendre grâces à Dieu et à l'illustre martyr des faveurs miraculeuses dont ils avaient été comblés. Leur piété inspirera à tous ceux qui les visiteront, le désir de faire quelque chose pour la gloire du grand saint dont ils auront appris à connaître et à admirer la puissance.

Nous en avons pour garants la bienveillante protection et les généreux encouragements de l'illustre pontife que le ciel vient de nous envoyer : comme ses prédécesseurs, Monseigneur de Salinis aimera à venir visiter le tombeau de St-Fritz, et il sera heureux d'y laisser des marques de sa vénération.

Nous en avons pour garant, enfin, la puissante protection de notre Patron bien-aimé. C'est pour lui que nous avons entrepris cette œuvre difficile ; il connaît nos désirs et nos intentions. C'est pour son honneur aussi que nous avons essayé de retracer, dans ces courtes pages, les prodiges de bonté dont il s'est plu à combler les habitants de ce pays ; nous les déposons à ses pieds comme un faible hommage de notre amour et de notre vive confiance. Puissent-elles le faire aimer et bénir à jamais !

Note 1.

Donation faite par Bertrand Dessosile, Gailharde de Lapalu sa femme, Martin et Gérauld de Lapalu, leurs enfants, au monastère de St-Fritz de Bassoues, et à Amanieu, archevêque d'Auch, de deux terroirs appelés Dareilhepinte avec son château, et de las Crestos, situés dans la paroisse de St-Fritz de Bassoues, l'an 1283.

Noverint universi præsentes pariter et futuri hoc præsens publicum instrumentum inspecturi seu audituri quod Bertrandus Dessosila et Gailharda de Lapalu uxor sua de volontate et assensu Martini et Geraldi de Lapalu, filiorum suorum ibi præsentium non coacti, nec decepti, nec vi, nec dolo, nec metu ad hoc inducti sed gratis et spontanei et de jure suo certiorati, reminiscens dictus Bertrandus multorum malorum quæ sæpe et multipliciter dixit quod intulerat monasterio sancti Frisii de Bassoa auferendo et diripiendo ei bona sua, dederunt, donaverunt, cesserunt et concesserunt, absolverunt et quitaverunt pro se et omnibus suis in perpetuum pro Deo et salute animarum suarum verâ et irrevocabili donatione facta inter vivos nec aliqua ingratitudine vel alio modo minimè revocanda et pro recompensatione et prædictorum malorum Deo et beato Frisio de Bassoa ad postulationem sui requisitionem fratris Petri de Montesquiro conversi domus Cazæ Dei ibi præsentis stipulantis et recipientis loco et nomine reverendi patris in Christo domini Amaneri Dei gratia archiepiscopi Auscitani qui ex parte dicti domini archiepiscopi, idem frater Petrus ut asserebat, ad hoc specialiter erat missus, totum territorium cultum sive incultum vocatum Darrelha pinta et molam seu castellarium situm in eodem territorio et totum casale vocatum de las Crestas cum omnibus introitibus et egressibus et omnibus juribus et pertinentiis suis, quod dictum territorium de Darrelhapinta et dictum casale de las Crestas dixerunt esse sita in parachio sancti Frisii de Bassoa inter rivum de Labararea exparte una et rivum de Batmala exaltera et inter rivum de sentalio exparte unâ et territorium sancti Paulis ex altera, nec non dicti conjuges ut supra dederunt donaverunt, cesserunt, et concesserunt, absolverunt et quitaverunt prædicto sancto Frisio de Bassoa, et fratri Petro de Montesquiro prædicto nomine quo supra stipulanti et récipienti omnia jura et omnia dominico utilia et directa et omnes rationes et actiones reales et personales ordinarias et extraordinarias civiles, reique persecutorias seu mixtas et alias quæcumque et quascumque habebant et habere debebant vel visi erant habere de jure vel de facto aut alioquoque modo in toto prædicto territorio castellario seu mota Darrelhapinta et in toto prædicto casali de las Crestas et in omnibus terris cultis et incultis montibus et cumbis et planis et aquis, currentibus et non currentibus, molendinis et molendinaribus et generaliter et specialiter in omnibus aliis rebus et juribus, mobilibus et immobilibus prædictis territorio motæ seu castellario Darrelhapinta et casali de las Crestas spectantibus seu pertinentibus quo modo ita quod dictus dominus archiepiscopus et successores sui qui pro tempore fuerint in dicto monasterio seu juridictione sancti Frisii de Bassoa habeant, teneant et possedeant in perpetuo prædictum territorium seu molam seu castellarium Darrelhapinta et totum casale prædictum de las Crestas cum omnibus juribus et pertinentiis suis pacificè et sinè aliqua contradictione alicujus mortalis et de eisdem omnibus prædictis et singulis superius datis, cessis faciant omnes proprias suas voluntates absque ullà retentione, conditione vel exceptione quam de jurè nec de facto dicti conjuges sibi ibi non fuerunt nec retinuerunt in prædictis vel aliquo prædictorum, imo promiserunt et concesserunt dicti conjuges cuilibet insolidum per firmam stipulationem dicto fratri Petro de Montesquiro nomine dicti domini archiepiscopi et monasterii prædicti sancti Frisii de Bassoa stipulanti de se ipsis et de omnibus aliis personis sui generis ibi sub obligatione omnium bonorum suorum tam super proprietate quam super possessione et omnibus aliis personis quæ ibi ratione vel nomine eorum aliquid unquam peterent, vel requirerent pertare bonum et validum gindentiam recognoscentes et concedentes dicti coujuges quod prædictus frater Petrus nomine et loco dicti domini archiepiscopi ratione prædictorum ex gratia speciali dederat et solverat eis centum solidos morlanorum integri in bonis denariis computatis taliter quod inde se tenuerunt bene firmiter pro peccatis et contentis et renunciaverunt exceptioni non habitæ non receptæ et sibi non datæ, non solitæ et non numeratæ dictæ pecuniæ promitentes etiam et concedentes dicti eonjuges et dicti filii sui pro se et hæredibus suis et sub obligatione rerum suarum omnium et bonorum dicto fratri, præsenti et recipienti nomine quo suprà supradictas donationes, cessiones et concessiones et restitutiones, quitationes et absolutiones et omnia et singula in ipsis supradicta rata et illibata servare perpetuo et tenere et facere ab aliis pro viribus observari et contrà non venire per se vel per alios ullis temporibus modo aliqua vel aliqua ratione in solidum vel in parte nec veniente etiam consentire nec opem consilium vel auxilium præbere occultè vel etiam manifestè per firmam stipulationem asserentes et promittentes dicti conjuges se non fecisse, nec dixisse hactenùs per se nec per aliam interpositam personam aliquid nec facere nec dicere in futurum contra dictam donationem et cessionem prædictorum quominus prædicta omnia et singula in suo robore firma et incommota semper consistant pariter et illæsa remunerantes pro se super hoc et dicti conjuges gratis et spontanei et de jure suo certiorati jure dicenti donationem excedentem summam quingentorum solidorum seu aureorum non valere nisi actis fuerit insinuata et denique omnibus facti et juris divini et humani et canonici et civilis conditi et condendi usus consuetudinis privilegii et statuti editi et edendi auxiliis beneficiis, subsidiis et remediis cum quo vel quibus contra prædicta vel aliquid de prædictis venire possunt per se vel per alium in judicio vel extra judicium vel aliquid infringere de eisdem seu etiam revocare prædicta verò omnia et singula prout nolui posset dici, vel scribi vel intelligi a clerico vel laïco ad utilitatem prædicti monasterii sancti Frisii de Bassoa et dicti domini archiepiscopi et successorum suorum tenere et observare firma et inviolata perpetuo per legitimam et solemnem stipulationem promiserunt dicti conjuges superius nominati sub omnibus renuntiationibus supradictis prædicta omnia et singula fuerunt facta, dicta posita et concessa infra ecclesiam de Sentrailla, quinto die in exitu mensis aprilis; testes sunt : Petrus Daspa, Arnaldus de Castris clericus, vicinus vici, Fortius d'Euza, habitator de Barrano et Guillemus Arnaldi de Lagors, et ego Pontius de Birano, publicus notarius Vicensis qui voluntate et assensu dictorum conjugum et dictorum filiorum suorum et ad requisitionem dicti fratris Petri de Montesquiro hoc publicum instrumentum scripsi, anno Domini millesimo ducentesimo octogesimo tertio regnante Philippo rege Francorum, dominante domino Geraldo comite Fesensiaci et Harmaniaci et prædicto domino Armanevo existente archiepiscopo.

(Extrait des Manuscrits de M. d'Aignan).

NOTE II.

Procès-verbal de la visite et de la translation du chef de St-Fritz, de Peyrusse-Grande à Bassoues.

L'AN mil huit cent cinquante-sept, et le trente-unième jour du mois de mai, jour de dimanche et fête de la Pentecôte, nous Germain-Grégoire Darré, vicaire-général de Monseigneur Antoine de Salinis, archevêque d'Auch, accompagné de Monsieur l'abbé Chauvin, missionnaire du diocèse d'Auch, nous nous sommes rendu dans la paroisse de Peyrusse-Grande, aux fins de remplir la mission ci-dessous décrite.

Arrivé hier au soir, nous avons trouvé la paroisse réunie au pied de l'autel de la Ste-Vierge pour les pieux exercices du mois de Marie, auquel nous avons présidé; après avoir dit quelque parole d'édification au pieux et nombreux auditoire, nous avons congédié la réunion en annonçant les exercices de ce jour.

Nous avons présenté ensuite à Monsieur le Curé de Peyrusse, M. l'abbé Esparros, l'Ordonnance de Mgr l'Archevêque dont nous transcrivons ici la teneur:

« Antoine de Salinis, par la grâce de Dieu et du saint-siége
» apostolique, Archevêque d'Auch, primat de la Novempopu-
» lanie et des Deux-Navarres, assistant au trône pontifical, &c.,

» Considérant qu'il est de notre devoir de favoriser le culte
» légitime des saints protecteurs de notre diocèse ;

» Considérant que St-Fritz, martyr, est un de ceux dont le
» culte a été le plus célèbre, soit dans tous nos monuments litur-
» giques, soit par la confiance et le concours des fidèles ;

» Considérant que la ville de Bassoues où le saint Martyr avait
» son temple et son tombeau, est le lieu de notre diocèse où il
» importe de replacer avec honneur les saintes reliques disper-
» sées par le malheur des temps;

» Considérant que le chef de St-Fritz n'a été transporté dans
» l'église de Peyrusse-Grande qu'à titre de dépôt et pour sous-
» traire un saint trésor à la profanation, et en attendant des
» temps meilleurs;

» Pénétré de reconnaissance pour les soins religieux avec les-
» quels les habitants de Peyrusse-Grande ont conservé le sacré
» dépôt jusqu'à ce jour ;

» Prenant en considération les vœux unanimes du clergé, des
» magistrats et des fidèles,

» Nous avons ordonné et ordonnons ce qui suit :

Article premier.

» Le chef de St-Fritz, depuis longtemps déposé et conservé à
» Peyrusse-Grande, sera rendu à son possesseur primitif, la
» paroisse de Bassoues.

Article deuxième.

» La sainte relique sera placée dans la chapelle nouvellement
» restaurée de St-Fritz ; nous avons lieu d'espérer que toute
» l'antique Église pourra prochainement être rétablie dans son
» ancienne splendeur.

Article troisième.

» Nous remercions ici, tant en notre nom qu'en celui de la
» ville de Bassues et de tout le diocèse, les habitants de Pey-
» russe-Grande, de la conservation et de la restitution du pieux
» dépôt.

Article quatrième.

» Nous chargeons notre grand-vicaire, M. l'abbé Darré, de
» l'exécution de la présente Ordonnance, dont lecture sera faite
» à Peyrusse et à Bassoues, dans la cérémonie même de la
» translation, et la teneur transcrite dans le registre de chacune
» des deux églises.

» Donné à Auch, en notre palais Archiépiscopal, sous notre » seing et le sceau de nos armes et le contre-seing de notre » Secrétaire, le vingt-neuvième jour du mois de Mai de l'an » de grâce mil huit cent cinquante-sept.

» ANTOINE, Archevêque d'Auch, signé.

» Et plus bas, par Mandement :

» Mendousse, *chanoine-secrétaire.* »

En exécution de la présente Ordonnance, nous nous sommes fait présenter, par M. le Curé, le reliquaire de son Église. Conduit dans une chambre au-dessus de la sacristie, nous avons trouvé trois bustes en bois sculptés et dorés, excavés en reliquaire, ayant chacun au-devant une ouverture ovale garnie d'un verre. La partie postérieure où se trouve l'entrée, était garnie d'une plaque de fer blanc entourée sur tout son périmètre. Au-dessus de cette fermeture étaient deux rubans de fil blanc croisés et régulièrement scellés avec une empreinte de cire rouge. Le sceau parfaitement intact. Après avoir constaté l'état extérieur de ces trois reliquaires, nous avons ouvert le premier; nous y avons trouvé une clef enveloppée d'une soie violette, liée par des rubans de fil blanc croisés, sur lesquels rubans étaient apposés en plusieurs endroits les sceaux sur cette cire rouge. Après avoir vénéré cette sainte relique, nous l'avons légèrement déplacée pour prendre les papiers qui étaient avec elle : nous y en avons trouvé deux ; le premier, à moitié vermoulu, porte ce qui suit :

SAINT CRISTOFLE.

Le présent buste a été fait par Lacaze, sculpteur de la ville de Nogaro, pour la somme de quarante livres ; tous les trois bustes avec le bras de St-Cyprien, et ont été dorés par M. Galart, doreur de la ville d'Auch, pour la somme, tous les trois bustes avec le bras de St-Cyprien, de cinquante livres; et les trois pavillons ont été faits à Peyrusse, par Jean Ligardes, menuisier du présent lieu, pour dix livres, pour les porter en procession. Le tout monte, tout le travail, dorure et façon, cent livres et ont été bénits et mis la tête de St-Cristofle dans le présent buste, par Monsieur Dauxions, curé du présent lieu, après vêpres, le sixième août mil sept cent-deux. Et moi, Antoine de Monde, lieutenant du Juge, qui ai fait faire par mon ministère le présent buste et fait dorer, et j'ai fait arriver le bassin dans la présente église, jusqu'à ce que j'ai eu la dite somme ci-dessus ; voyant que les reliques étaient enfermées dans un petit coffre, et moi qui ai trouvé de faire tout ce travail; Dieu veuille que ce soit pour la gloire de Dieu et de St-Cristofle, et lorsqu'on regardera le présent, je prie à toute l'assemblée de me dire un *De profundis*, et me suis signé, ce six août 1702. MONDE, signé. »

Le second papier trouvé dans la même boîte, porte ce qui suit :

SAINT CRISTOFLE.

« Le septième jour du mois de juin, l'an mil huit cent trente-neuf, nous soussigné, desservant de Peyrusse-Grande, délégué avec M. le curé de Cazaux-d'Anglés, par ordonnance de M. de Belloc, vicaire-général de son Éminence le Cardinal Archevêque d'Auch, en date du 24 janvier 1839, pour constater par enquête si les reliques exposées dans l'église de Peyrusse-Grande, notamment celles qui sont dans les trois bustes de l'autel de St-Mamès, sont les mêmes que celles qui étaient exposées dans cette église avant la révolution, et pour visiter les reliques, en décrire l'état et les reliques qui s'y trouvent, avons procédé à l'audition des témoins de la manière suivante :

1° André d'Autex, propriétaire, habitant de cette commune, âgé de quatre-vingt-sept ans, a déposé ce qui suit :

Depuis que j'ai l'âge de raison, j'ai vu ces reliquaires dans l'église de Peyrusse-Grande. La révolution de quatre-vingt-treize, de mauvais chrétiens s'étaient présentés pour faire brûler toutes les statues des saints. J'amusai moi-même longtemps ces gens-là, afin de donner à des personnes de confiance le temps de cacher ces trois bustes ;

2° Jean Lapèze, propriétaire, âgé de plus de quatre-vingts ans, habitant de cette commune, fait la déclaration suivante :

J'ai vu ces trois bustes dans l'église de Peyrusse-Grande longtemps avant la révolution ; on les portait en procession pour les fêtes solennelles ;

3° Charles Douat, propriétaire, âgé de quatre-vingt-deux ans, habitant de cette commune, a dit : toute ma vie j'ai vu ces trois bustes à Peyrusse, on les portait autrefois aux processions ;

4° Louis Fournet, propriétaire, âgé de quatre-vingts ans, habitant de cette commune, a dit : j'ai toujours vu ces reliquaires dans l'église de Peyrusse-Grande ; on payait même pour avoir l'honneur de les porter dans les processions solennelles ;

5° Gabriel Broca, propriétaire, habitant de cette commune, âgé de soixante-dix-neuf ans, ajoute à cette dernière déposition :

moi-même, j'ai porté ce buste, en payant, en certaines fêtes solennelles;

6° Pierre Clarac, âgé de soixante-dix-huit ans, habitant de cette commune, a dit : J'ai toujours vu les trois bustes dans cette église. Je sais parfaitement qu'on les a cachés sur les lambris de l'église pendant la révolution.

7° Pierre Cahuzac, forgeron, âgé de quarante-trois ans, habitant de cette commune, a assuré que son père lui avait dit souvent qu'il avait lui-même caché les bustes sur les lambris de l'église pendant la révolution.

Nous avons ensuite procédé à la visite des reliquaires et des reliques qu'ils renferment.

Les trois bustes exposés dans la chapelle de St-Mamès sont creux, une plaque en fer blanc attachée avec de petits clous en couvre la porte postérieure, une petite vitre est sur le devant.

Dans le premier buste nous avons trouvé un crâne enveloppé dans un morceau de taffetas violet; une note annexée dans cette boîte, marque qu'il a été fait en 1702, et bénit le six août de la même année, par M. Dauxions, curé de Peyrusse-Grande, et qu'Antoine Monde, lieutenant du juge, auteur de cette note, a mis dans ce buste, à cette même époque, la tête de St-Mamés, qu'il doit avoir trouvée lui-même dans ce petit coffre;

Dans le second buste, nous avons découvert un crâne et quelques autres petits ossements enveloppés aussi dans un petit morceau de taffetas violet; nous avons remarqué de plus, dans le buste, des chiffons et des étoffes; une note indique que le second buste a été fait et bénit, à la même époque, et par le même prêtre que le premier, et qu'Antoine de Monde, lieutenant du Juge, y a mis la tête de St-Cristofle, qu'il prétend avoir trouvée aussi dans un petit coffre;

Dans le troisième buste, nous avons remarqué un crâne avec d'autres ossements enveloppés dans de vieux linges qui couvrent un morceau de taffetas violet; unè note indique encore que ce buste a été fait en 1702, et béni le six août de la même année, par M. Dauxions, curé de Peyrusse, et qu'Antoine de Monde, lieutenant du Juge, y a mis la tête de St-Fritz, qu'il doit avoir trouvée dans un petit coffre;

Nous avons visité de plus un bras en bois où se trouve une vitre qui couvre un petit ossement, qu'une note de ce même Antoine de Monde, dit être le doigt de St-Cyprien. Dans le même reliquaire, on remarque encore de petits ossements, avec une petite note qu'on n'a pas pu déchiffrer;

Nous n'avons pas trouvé d'autres documents qui puissent mieux constater l'authenticité des reliques.

Conformément à l'ordonnance de M. de Belloc, vicaire-général, nous avons de nouveau refermé et cacheté ce reliquaire, auquel nous avons apposé le même sceau qui a été mis sur le présent procès-verbal,

En foi de ce, nous avons dressé le présent procès-verbal en présence des témoins nommés plus haut, et d'autres personnes dignes de foi, qui ont assisté à la visite des reliquaires. Ces personnes et un des témoins ont signé avec nous, les autres témoins ont déclaré ne savoir.

Fait à Peyrusse-Grande, le sept juin mil huit cent trente-neuf. Tarride, desservant de Peyrusse-Grande, Luro, recteur de Cazaux-d'Anglès, Nux, Lafont, Laubadère, maire.

Lecture faite de ces deux pièces, nous nous sommes abstenu de découvrir cette précieuse relique; nous avons seulement écrit sur le ruban blanc que lie le taffetas violet, les mots *Caput St-Christophori*, selon l'indication formelle et de la note et du procès-verbal ci-dessus. Nous avons scellé d'un sceau provisoire le premier reliquaire, nous réservant d'y apposer les sceaux définitifs quand nous y aurons remis les deux papiers que nous voulions transcrire auparavant.

Nous avons ensuite ouvert le second buste; celui-ci a présenté un reliquaire de St-Mames, réellement un chef enveloppé de soie violette, lié par des rubans de fil blanc, sur lequel ruban étaient des sceaux imprimés sur cire rouge, par MM. les Commissaires-rédacteurs du procès-verbal ci-dessus mentionné; avec le chef et dans la cavité du même buste, nous avons trouvé: 1° Un exemplaire du procès-verbal de l'enquête et vérification des reliques identiques à celui qui vient d'être transcrit; 2° Une note signée Monde, de la même teneur que celle transcrite plus haut, avec la seule différence qu'au lieu des mots qui nomment le saint du premier buste, se trouvent ici les mots de *St-Mamet* au titre, et deux fois dans le texte; cette note est bien conservée et parfaitement lisible; nous avons pareillement fermé et scellé provisoirement ce second buste, après avoir écrit sur les rubans qui lient la soie violette, les mots *Caput St-Mamerti*. Nous nous sommes abstenu aussi cette fois de découvrir la sainte relique, et nous n'avons pas non plus rompu les sceaux apposés sur les rubans qui lient la soie violette autour du sacré chef.

Immédiatement après, nous avons ouvert le troisième buste, nous y avons trouvé un chef enveloppé, comme les deux précédents, de soie violette, serré et lié par des rubans de fil blanc sur lesquels étaient apposés les sceaux des commissaires-rédacteurs du procès-verbal, du sept juin mil huit cent trente-neuf; avec le chef nous avons trouvé : 1° Un exemplaire du procès-verbal de mil huit cent trente-neuf ci-dessus transcrit, signé par les mêmes personnes ; 2° Une note signée Monde, entièrement semblable aux deux autres, si ce n'est pour le nom du saint. Dans celle-ci, c'est le nom de St-Fritz une fois en titre, et deux fois dans le texte ;

Cette fois nous avons rompu les sceaux et découvert les saintes reliques. Nous y avons trouvé réellement un chef avec la mâchoire inférieure, non à sa place naturelle, mais placée à l'intérieur du chef. Dans le même intérieur étaient divers ossements humains que nous ne décrivons pas ici ; tous ces précieux restes dont trois nous ont semblé être des os de phalanges de mains ou de pieds, étaient recouverts d'un reste d'un ancien tissu richement brodé. Avec ce tissu se trouvent aussi des étoupes en peloton, au milieu desquelles se trouvent des parties teintes en rouge vif; nous avons séparé un fragment du crâne qui était détaché du reste, ce fragment de forme irrégulière d'environ un pouce et demi de surface ; nous l'avons enveloppé d'un fragment de la même soie violette qui enveloppait le tout; nous l'avons ainsi replacé dans le buste pour demeurer à l'église de Peyrusse, comme perpétuel souvenir du dépôt si longtemps conservé; nous y avons joint un papier avec cette note écrite de notre main.

« Fragment du chef de St-Fritz laissé dans ce buste, le trente-
» un Mai mil huit cent cinquante-sept, par moi soussigné,
» vicaire-général, chargé par Monseigneur l'Archevêque d'Auch
» de transporter à Bassoues le chef entier qui était déposé ici ;
» le présent fragment est laissé ici comme témoignage de recon-
» naissance due à la paroisse de Peyrusse-Grande, pour la con-
» servation de ce sacré dépôt.

» Ont signé avec nous, M. l'abbé Chauvin et M. le curé de
» Peyrusse-Grande. »

Le sceau provisoirement mis en attendant la transcription des pièces ci-dessus ayant été trouvé intact, nous avons réuni dans chaque buste les pièces respectives, si ce n'est dans celui de

St-Fritz où nous n'avons laissé que l'altération précédente, constatant l'authenticité du fragment du crâne ; nous les avons scellés définitivement tous les trois en replaçant de petits clous au périmètre de la plaque de fer blanc qui ferme l'entrée. La plaque elle-même a été scellée au moyen de deux rubans croisés, aux quatre extrémités desquelles nous avons apposé le sceau des armes de Monseigneur de Salinis, archevêque d'Auch. Les rubans qui ont été employés pour cela ont une largeur de plus de deux centimètres, le fond blanc et deux lisières roses.

Nous avons célébré nous-mêmes la messe de paroisse pendant laquelle nous avons fait une allocution au peuple nombreux qui y assistait ; nous avons donné la communion à environ deux cent vingt personnes.

A la suite de la messe de paroisse, nous avons procédé à la bénédiction solennelle de deux autels nouvellement construits à droite et à gauche du maître-autel ; celui de droite ou du côté du midi est dédié à St-Roch ; celui de gauche ou du midi est sous le vocable de St-Mamert.

Nous notons ici que le reliquaire en forme de bras dont il a été question plus haut sous le nom de bras de St-Cyprien, a été trouvé par nous sans aucune relique et sans verre ; on ignore quand et comment a été perdue cette relique.

A trois heures ont été chantées les vêpres, à la suite desquelles M. l'abbé Chauvin a prêché un sermon au peuple et clos le mois de Marie par la consécration de la paroisse à la Sainte-Vierge.

Nous avons ensuite donné la bénédiction du St-Sacrement, après laquelle nous avons porté à la connaissance des fidèles tout le contenu du présent procès-verbal, et spécialement l'ordonnance de monseigneur l'Archevêque concernant la restitution du chef de St-Fritz. Toute la paroisse a été satisfaite de cette mesure ;

Nous sommes ensuite allés en procession à la croix nouvellement plantée dont nous avons fait la bénédiction solennelle, et sommes rentrés à l'église au chant du *Te Deum*.

Enfin, pour exécuter les pieuses intentions de M. Monde ci-dessus nommé, nous avons dit un *De Profundis* pour le repos de son âme.

Le présent procès-verbal a été clos le même jour, trente-un mai mil huit cent cinquante-sept, et a été signé par nous.........

Procès-verbal du chef de St-Fritz, restitué par les habitants de Peyrusse, et déposé dans une cavité du mur à côté du tombeau, croisé de deux bandes en fer.

Le premier de juin mil huit cent cinquante-sept.

L'an mil huit cent cinquante-sept et le premier lundi de juin, seconde fête de la Pentecôte, nous soussigné, Germain-Grégoire Darré, vicaire-général de Monseigneur de Salinis, archevêque d'Auch, accompagné de M. l'abbé Chauvin, missionnaire du diocèse d'Auch, nous sommes rendu dans la ville de Bassoues pour remplir la mission ci-dessous décrite.

Arrivé hier au soir venant de Peyrusse-Grande, portant avec nous le chef de St-Fritz que nous avions retiré de l'église de Peyrusse-Grande conformément à une ordonnance de notre seigneur dit Archevêque pour le déposer dans l'église de St-Fritz de Bassoues, nous nous sommes immédiatement rendu à l'église paroissiale où nous avons annoncé au peuple que nous lui rapportions ce trésor tant désiré; le son des cloches a annoncé cet événement à la population, et nous avons indiqué l'ordre de la cérémonie qui s'est faite aujourd'hui.

Vers huit heures du matin, toute la paroisse s'est trouvée réunie; on est venu au presbytère pour prendre avec solennité la relique de St-Fritz; un pavillon magnifiquement décoré, porté par quatre jeunes gens, a transporté le sacré chef à l'église, précédé de toutes les congrégations et d'un peuple nombreux, escorté de la brigade de gendarmerie, et suivi de M. le Maire en costume officiel. La marche a eu lieu au chant des litanies des Saints et de quelques cantiques composés en l'honneur du saint martyr. Arrivés à l'église paroissiale, le pavillon a été déposé dans le sanctuaire entouré de cierges; nous avons immédiatement commencé la célébration de la Ste-Messe, qui a été chantée par un chœur de jeunes gens. Après l'évangile, nous sommes monté en chaire; sur le degré de la même chaire, se sont placés le diacre et le sous-diacre; ce dernier tenait dans ses mains la sainte relique enveloppée d'une pièce de taffetas rouge, et scellée provisoirement aux armes de Monseigneur l'Archevêque; elle était dans l'état où nous l'avions mise avant la cérémonie; après que nous avons eu fait l'exhibition dans le presbytère, en présence de M. le Maire, de plusieurs membres du conseil de Fabrique, du conseil municipal, ainsi que du brigadier de gendarmerie à qui nous avons montré en détail et à nu le crâne et autres ossements et linges qui font partie du sacré dépôt. Après avoir entretenu les fidèles de tout ce qui avait été fait hier à Peyrusse-Grande, conformément à un procès-verbal ici annexé et dont nous avons donné lecture, nous avons découvert la sainte relique et l'avons montrée au peuple qui a été très impressionné à la vue de ce saint chef, dont le culte a été toujours en grand honneur dans la commune et dans la contrée, et dont on se trouvait dépossédé depuis trois cents ans environ.

Nous avons ensuite continué la célébration de la messe après laquelle on s'est mis en ordre de procession, et on s'est dirigé vers l'ancienne église de St-Fritz. On avait tendu des guirlandes et dressé un arc de triomphe très élégant sur le passage; arrivé au terme du moment où la sainte relique rentrait dans son ancien temple, nous avons adressé une allocution au peuple sur la nécessité de pourvoir à la conservation des magnifiques restes de cette église et sur l'importance d'une restauration complète.

Comme l'ancien tombeau encore subsistant, n'était pas dans le moment prêt à recevoir ce saint dépôt, nous avons choisi une petite cavité dans le mur à côté du tombeau, pour les déposer provisoirement; nous avons enveloppé la relique principale, les petits ossements qui l'accompagnent, les anciens linges trouvés avec elle et le taffetas violet dont le tout était recouvert pendant son séjour à Peyrusse, d'un nouveau taffetas rouge, que nous avons liés ensemble avec un petit ruban en fil blanc croisé aux deux extrémités duquel, comme sur le croisement, nous avons imprimé le sceau de monseigneur l'Archevêque d'Auch sur la cire rouge; nous avons écrit sur le ruban les mots : *Caput sancti Frisii*. Dans cet état nous l'avons placé dans la cavité ci-dessus désignée avec un exemplaire du procès-verbal.

Le présent procès-verbal a été clos et signé le même jour, mois et an que dessus, premier juin mil huit cent cinquante-sept. Ont signé avec nous.................... »

Note III.

M. l'archiprêtre de Laubadère était frère de l'illustre Joseph-Marie Tenel de Laubadère, qui s'immortalisa à la défense de Landau, en qualité de commandant en chef. Environné d'ennemis redoutables au dehors, trahi au dedans, il soutint un siége d'un an sans se laisser abattre, et força l'ennemi à s'éloigner. Pressé de se rendre par le prince de Prusse, qui lui annonçait la défaite totale de l'armée française et qui lui offrait des conditions très avantageuses avant son départ, il répondit sur le champ :

« Comptable envers la République Française de la conservation de Landau, qu'elle m'a confié, jaloux de mériter jusqu'à l'estime de nos ennemis, j'ai l'honneur de vous assurer, qu'organe des braves défenseurs de cette place, nous ne voulons ni ne pouvons capituler tant que l'état de nos munitions et de nos subsistances fournira à notre courage les moyens de se signaler. Quant au général qui vous remplace et qui n'aura pas la même autorité, nous vous prions de lui laisser copie de la présente, qui sera toujours la réponse des braves soldats de Landau.

« Landau, le 15 décembre 1793. »

Les sentiments patriotiques du général n'étaient pas douteux ; ses ennemis cependant, à force d'intrigues, réussirent à le noircir auprès de la Convention ; il fut écroué dans une maison d'arrêt, et ce ne fut que le 10 thermidor an III de la république, qu'il fut remis en liberté et réintégré dans ses fonctions de général de division à l'armée d'Italie.

Le général divisionnaire Mourel, commandant en chef les troupes destinées à l'expédition maritime, rendit à la Convention le témoignage suivant sur la conduite et les talents militaires de notre compatriote.

« La conduite morale et politique du général Laubadère consiste dans la pratique des vertus sociales ; ses mœurs sont honnêtes, douces, pures, mais austères; son esprit au-dessus de toutes les passions et de tous les partis. Ennemi de la licence comme de la tyrannie, il fait consister la liberté dans la justice bien établie ; toujours prêt à sacrifier ses talents, ses travaux et sa vie pour l'indépendance de ses semblables. Il consacre son cœur bon et juste au soulagement de l'infortune.

« Quant à ses moyens militaires, grand dans ses combinaisons spéculatives, capable d'enfanter, de concerter un plan avec autant de sagacité que de facilité, on trouve dans ses productions une si grande modestie, que pour l'intérêt de la république il oublie qu'il en est l'auteur : moins avide de places que jaloux du bonheur de son pays, il a donné tant de preuves d'héroïsme qu'il me suffit de rappeler ses travaux au Rhin, la glorieuse défense de Landau et le zèle qu'il a montré dans ses fonctions à l'armée d'Italie. La commission d'ailleurs doit être instruite de sa conduite, et si ce n'était une formalité à remplir, je pourrais me condamner au silence. »

Ce rapport officiel fait assez connaître le caractère du général de Laubadère. Nous sommes heureux de trouver l'occasion de le citer et de consacrer ces quelques lignes à la mémoire de ce grand homme dont s'honore notre pays, et qui fait la gloire d'une des familles les plus respectables de Bassoues.

Un de ses frères se distingua aussi dans l'art de la guerre et devint général.

Auch, Typ. de J.-A. Portes.

www.ingramcontent.com/pod-product-compliance
Ingram Content Group UK Ltd.
Pitfield, Milton Keynes, MK11 3LW, UK
UKHW022136190726
13855UKWH00003B/1165

9 782013 075015